EDITION Johannes Kuhn

Dieter de Lazzer

Was mache ich mit Hab und Gut?

Testament und Letzter Wille

Quell

EDITION JOHANNES KUHN BAND 22

ISBN 3-7918-1822-8

1. Auflage 1993
Umschlaggestaltung: Klaus Dempel, Stuttgart
Gesamtherstellung: Maisch & Queck, Gerlingen/Stuttgart

INHALT

VOM SINN DES ERBENS – WAS IST ZU ORDNEN?

Nichts hab ich hieher genommen, da ich klein / bin herein / in die Welt gekommen; nichts wird einst auch mit mir ziehen, wann ich werd / von der Erd / wie ein Schatten fliehen«, heißt es bei Paul Gerhardt (EKG 297,2). Das letzte Hemd hat keine Taschen. Wir werden alle von hier nichts mitnehmen.

Unter diesem Aspekt wundert es einen, daß das Erben soviel »Kummer der Gemüter« macht, und zwar denen, die etwas zu vererben haben, und noch mehr denen, die etwas erwarten. In wohl keinem anderen Lebensbereich, von Scheidungen vielleicht abgesehen, entstehen aus Mißtrauen, Mißgunst, kleinen Verletzungen und Neid so viel Zerwürfnisse. Selbst in friedliche und fromme Familien bringt das Erben so viel böses Blut, daß man sich manchmal fragt, ob es das wert ist. – Und hat doch keiner ein Recht darauf, etwas zu bekommen, und wird auch keiner etwas davon mitnehmen!

Manch einer schläft schlecht, wenn er nur daran denkt, daß er seinen Nachlaß ordnen sollte. Er sieht und hört genug vom Neid und Streit. Und mancher vergißt darüber, wieviel Segen man spenden, wieviel Glück man mit den

Gütern befördern kann, die uns Gott in diesem Leben verliehen hat. Ver-liehen, jawohl. Das kommt beim Eigentum oft zu kurz.

Wer noch drauf sitzt, erntet keinen Dank: das Vererben hat das so an sich. Man soll auch keinen Dank erwarten, die Natur ist dagegen. Erst recht sollte man nicht mit dem Erbteil winken, um die junge Generation zu Dankbarkeit oder Liebe zu nötigen. Liebe ist da oder sie ist nicht da. Wer Dankbarkeit erwerben will, sollte besser schenken: da weiß man, was man hat.

Darf ich gleich ein weiteres heikles Thema ansprechen? – Es gibt eine ungute Bitterkeit des Alters. Die zeigt sich oft, wo es ums Erben geht. Mit den Jahren wird man leicht mißtrauisch, und wenn Spannkraft und Humor und Toleranz abnehmen, merkt man das selber zuletzt. Wir vergessen auch gerne, daß die Jungen ihr eigenes Leben leben müssen und wenig Freizeit für ihre Eltern übrig haben. Als Ältere müssen wir uns einen eigenen Lebenskreis suchen und dürfen nicht unsere Kinder aussaugen. Und wie oft klagt man über Enttäuschungen, die in Wirklichkeit bloß Kleinigkeiten sind, über die man hinwegkommen sollte.

Solange Kinder da sind, renkt sich offenbar vieles wieder ein. Alleinstehende Ältere sollten besonders darauf achten, daß die Bitterkeit sie nicht zynisch macht. – Wenn ich sagen höre: »Der Hund ist der beste Mensch«, dann geht mir das Messer in der Tasche auf.

Als erstes könnten Sie bitte ein paar Vorüberlegungen anstellen. Notieren Sie auf einem Blatt Papier, was Ihnen einfällt.

Wie sehen Ihre Familienverhältnisse aus? Gibt es Kinder? – Sind darunter Kinder unterschiedlicher Herkunft, aus verschiedenen Ehen, nichteheliche Kinder, adoptierte Kinder? – Leben diese in stabilen Verhältnissen oder mit problematischen Partnern? – Sind gefährdete Personen dabei? – Gibt es andere Personen in der Familie, Patenkinder oder sonstige Angehörige, um die ich mich besonders kümmern sollte? – Gibt es Personen außerhalb der Familie, denen ich mein Augenmerk und gegebenenfalls Hilfe schulde? – Wer sonst steht mir nahe?

Und dann der zweite Themenkreis: Was macht meinen Nachlaß aus? – Sollen bestimmte Dinge besonders in Obhut genommen werden? – Sind Firmenbeteiligungen vorhanden, Grundstücke, Auslandsvermögen, kompliziertere Rechtsansprüche? – Was soll aus bemerkenswerten Gegenständen (Kunstwerke, Sammlungen, historische Bücher, Napoleons Degen) werden?

Welche anderen Umstände könnten nach einer testamentarischen Regelung verlangen? – Muß ein geistiges oder künstlerisches Vermächtnis gepflegt werden? – Gibt es Patente oder Urheberrechte, die zu verwalten sind?

Und dann kann man auch erwägen: Wie könnte ich mit meinem Nachlaß zu einem größeren Zweck beitragen? – Was habe ich in meinem Leben zum Beispiel durch Schulen, Bildungseinrichtungen, Museen, Vereine an Förderung, Hilfe, Anregung empfangen, das ich irgendwie zurückerstatten oder besser, weitergeben könnte? – Was hat mir die Musik gegeben? – Habe ich ein wohltätiges Anliegen?

Beim Schreiben dieses Satzes wurde ich durch ein Telefonat unterbrochen, von dem ich spontan erzählen möchte: Eine ältere Frau im Schwarzwald ruft an. Sie hat keine Familie. Und sie hat Grundstücke, von denen die Hälfte dem Bruder Rudolf zugedacht war, der im Krieg gefallen ist. Irgendwann, so berichtet Frau X, traf sie ein Wort von Friedrich von Bodelschwingh: Die Brüder der Landstraße sind auch unsere Brüder. Das läßt sie nicht mehr los; das Erbe des Bruders (und später ihr eigenes Vermögen) soll wirklich diesen schwächsten Brüdern gewidmet sein. Nun sollen wir mithelfen, daß aus diesem Vermögen und ihren Gebeten und ihrer Vision ein Haus für Obdachlose entsteht, das in ihrer Stadt bitter nötig ist.

GESETZLICHE ERBFOLGE

Das bürgerliche Recht hat die Erbfolge für den Normalfall im einzelnen geregelt. Als Laie hat man meist eine ungefähre Vorstellung, wenn man es auch nicht in allen Verästelungen nachvollziehen könnte. Also versuche ich, zuerst die gesetzliche Erbfolge darzustellen; ich weiß aber aus meiner Kanzlei, wie schwer sich diese dürren Regeln mit Leben füllen. Vor dem Erbfall muß man ja immer viele Eventualitäten bedenken. – Übrigens nehme ich immer Papier und Bleistift und male mir die erbrechtlichen Beziehungen auf, ganz gleich, ob es um die gesetzliche oder eine »gewillkürte« (frei festgelegte) Erbfolge geht. In der letzteren muß man die gesetzliche Erbfolge für die Pflichtteile mitbedenken. Und dann werden zuerst die Ordnungen eingekreist und numeriert.

Wir haben das Verwandten-Erbrecht, das Erbrecht des nichtehelichen Kindes und das Ehegattenerbrecht.

Erbrecht der Verwandten

Im Erbrecht ist immer die Verwandtschaft im Rechtssinn gemeint. Adoptivkinder gelten wie blutsverwandte Kinder, während eine tatsächliche, aber rechtlich nicht festgestellte Verwandtschaft kein Erbrecht begründet.

Das erste Gliederungsprinzip des Erbrechts sind die *Ordnungen*, vereinfacht gesagt, die Familien und ihre jeweiligen Abkömmlinge.

Die erste Ordnung bilden die Kinder, Kindeskinder usw. des Erblassers (§ 1924 I BGB). – Die zweite Ordnung umfaßt die Eltern des Erblassers und alle, die von ihnen abstammen (§ 1925 I BGB). – Die dritte Ordnung bilden die Großeltern des Erblassers und deren Abkömmlinge. – Und so geht es weiter bis zur sechsten Ordnung.

Der Grundsatz lautet: Wenn ein Erbe der niedrigeren Ordnung vorhanden ist, sind alle Erben der höheren Ordnung ausgeschlossen. Ist also ein Kind oder ein Enkel da, so erben die Eltern des Verstorbenen nichts.

Der zweite Grundsatz ist die *Repräsentation.* Das heißt, daß eine erbberechtigte Person alle von ihr abstammenden weiteren Erben ausschließt. Hinterläßt ein Erblasser zwei Kinder, so erben diese und nicht die Enkel. Das gilt genauso in der zweiten und dritten Ordnung, also bei Eltern/Geschwistern usw. – Ist dagegen ein Zwischenglied zum Zeitpunkt des Erbfalls ausgefallen, so sprechen wir vom »Eintrittsrecht« seiner Abkömmlinge. So stünden also die drei Kinder des verstorbenen Sohnes als Erben neben der Tochter.

Das dritte erbrechtliche Prinzip ist das *Stammes- oder Linienprinzip*. Von Stammesgrundsatz reden wir, wenn es sich um die Nachkommen des Erblassers handelt, von Liniensystem, wenn man über die Eltern oder Großeltern des Erblassers rechnen muß. Das Stammes- oder Liniensystem besagt, daß die Erbanteile (Quoten) so bestimmt werden, als ob die jeweils ausgefallenen Zwischenglieder im Todeszeitpunkt vorhanden gewesen wären. Erben also die drei Kinder des Sohnes neben ihrer Tante, so gibt es nicht vier Viertel, sondern die Tochter bekommt ihre Hälfte und die drei Enkel jeweils ein Sechstel (da ihr Vater die andere Hälfte bekommen hätte). – Ist ein drittes Kind des Erblassers schon vor dem Erbfall verstorben, so ist das ohne Bedeutung, wenn von ihm keine Abkömmlinge mehr da sind, die für ihn eintreten könnten.

Das Liniensystem löst auch die Erbfragen bei Halbgeschwistern: Sie können jeweils für den Elternteil eintreten, der sie tatsächlich repräsentiert hätte. So würde also bei einem kinderlos versterbenden Erblasser, der über den Vater einen Halbbruder und gleichzeitig eine vollbürtige Schwester hat, nach Wegfall der Eltern die

Schwester über die Mutterlinie die Hälfte und über die Vaterlinie zusammen mit dem Halbbruder zusätzlich ein Viertel erhalten, der Halbbruder ein Viertel in der Vaterlinie.

Ab der vierten Ordnung, also den Urgroßeltern und ihren Abkömmlingen, treten das Linienprinzip und die Repräsentation außer Kraft. Von da an gilt nur noch der *Grad der Verwandtschaft,* also die Zahl der Geburten zwischen dem Erblasser und dem Erben.

Regel: Verwandte gleichen Grades sind zu gleichen Teilen erbberechtigt und schließen Erben der ferneren Verwandtschaftsgrade aus. Sind also noch drei Urgroßeltern am Leben, so erben sie je ein Drittel. Sind keine Urgroßeltern mehr da, wird es zum Roulettspiel, an wen das Erbe fällt.

Wenn gar keine Erben vorhanden sind oder alle das Erbe ausschlagen, ist das betreffende *Bundesland* der Letzterbe.

Nichteheliches Kind

Das nichteheliche Kind nimmt im Verhältnis zu seinem Vater eine gewisse Sonderstellung ein. Früher galten sie ja als nicht verwandt, seit 1969 ist das Gegenteil anerkannt (§ 1589 neu). Neben

Verwandten ab der zweiten Ordnung ist das nichteheliche Kind voll erbberechtigt wie ein eheliches. In der ersten Ordnung gilt das nur, solange nicht eine Ehefrau oder eheliche Kinder Erben sind; hier wollte der Gesetzgeber keine Spannungen aus der Erbengemeinschaft in die Familie überspringen lassen, solange diese tatsächlich besteht. In diesem Fall tritt an die Stelle des Erbrechts ein *Erbersatzanspruch* gegen die Erben (§ 1934 a I BGB). Wertmäßig ändert sich dadurch im Prinzip nichts.

Erbersatzanspruch bedeutet, daß der oder die Berechtigte nicht Erbe wird, also auch an den Gegenständen der Erbmasse keine Rechte (Eigentum usw.) erwirbt. Er hat aber gegen die Mitglieder der Erbengemeinschaft einen Anspruch auf Auskunft und auf Zahlung des Geldbetrages, den sein Anteil wert ist. Der Zahlungsanspruch gleicht dem Pflichtteilsanspruch (s. u.), geht allerdings auf den ganzen Wert. – Ist aber die Ehefrau verstorben und sind auch keine ehelichen Kinder vorhanden, werden auch nichteheliche Kinder zu Alleinerben oder Miterben nach dem Vater.

Der Erbersatzanspruch kann wie das gesetzliche Erbrecht im Testament ausgeschlossen werden. Dann ist das nichteheliche Kind wie das eheliche auf den Pflichtteilsanspruch verwiesen.

Erbersatz- und Pflichtteilsanspruch des nichtehelichen Kindes erlöschen, wenn es gemäß § 1934d I als junger Erwachsener den *vorzeitigen Erbausgleich* vom Vater verlangt und bekommen hat. Der orientiert sich am Dreifachen des zuletzt gezahlten vollen Jahresunterhalts; er kann im Einzelfall bis auf das Zwölffache erhöht werden.

Ehegattenrecht

Zum Verwandtenerbrecht kommt noch das Erbrecht des Ehegatten. Dafür gibt es wieder zwei Regeln.

1. Abgesehen vom Zugewinnausgleich erbt der Ehegatte neben Kindern und Kindeskindern zu einem Viertel. Drei Viertel gehen also an die folgende Generation und werden dort nach Stämmen geteilt.

Neben Verwandten der zweiten Ordnung (Eltern des Erblassers und dessen Geschwister usw.) erbt der Ehegatte zur Hälfte (ohne Zugewinn).

Sind neben dem Ehegatten nur Erben der dritten Ordnung (Großeltern und ihre Abkömmlinge) vorhanden, so erben tatsächlich *nur die Großeltern,* die am Leben sind (ohne Zugewinn zu je einem Achtel, mit Zugewinnausgleich zu je einem Sechzehntel); die Anteile der nicht mehr lebenden Großeltern fallen, auch wenn es von ihnen Nachkommen gibt, an den Ehegatten. Das heißt: Neben Verwandten der vierten Ordnung ist der Ehegatte Alleinerbe (§ 1931 II BGB).

2. Das Gesagte gilt rein nur bei Gütertrennung oder Gütergemeinschaft. Haben die Ehegatten im gesetzlichen Güterstand der Zugewinngemeinschaft gelebt, so erhöht sich der gesetzliche Erbteil des überlebenden Teils um ein Viertel.

Die Pflichtteilsansprüche des Ehegatten sind ziemlich kompliziert (s. u. S. 19).

Rechtliche Stellung des Erben

Grundsätzlich rückt der Erbe mit dem Tod des Erblassers in dessen rechtliche Stellung ein. Er wird Eigentümer der Gegenstände, Schuldner der Schulden, Gläubiger der Guthaben, und zwar in dem Moment, in dem der Erblasser die Augen schließt. Das gilt unabhängig davon, ob er etwas davon weiß; insoweit ist es eine Fiktion. Sind mehrere als Erben berufen, so stehen ihnen die Rechte gemeinschaftlich zu.

Diese Folge des Erbfalls nennen wir *Gesamtrechtsnachfolge*. Bei einer Mehrheit von Erben muß man also den Erbfall von der Auseinandersetzung unterscheiden. Hat die Mutter zwei

Häuser hinterlassen und jedem Kind eines zugedacht, so sind sie doch zunächst je zur Hälfte Miteigentümer. Bei der Auseinandersetzung kann jedes von beiden verlangen, daß das andere bei der Herstellung des testamentarisch verfügten Zustandes mitwirkt. Von diesem Grundsatz der Gesamtrechtsnachfolge gibt es nur wenige Ausnahmen:

Das, was vom allgemeinen Persönlichkeitsrecht des Verstorbenen noch übrigbleibt, fällt nicht dem Erben zu, sondern den nächsten Angehörigen. Sie können ihn also vor übler Nachrede schützen, bei einem Dichter oder Künstler den Schutz seines Werkes vor Fälschung und Urheberrechtsverletzungen sowie das Recht der Namensnennung wahrnehmen. – Auch im Wohnungsmietrecht tritt nicht der Erbe ein, sondern gibt es Sonderregeln für den Ehegatten und nächste Angehörige, unabhängig davon, ob sie die Erben sind. – Schließlich sieht das Recht der Personengesellschaften vor, daß die Gesellschaft durch den Tod aufgelöst wird, sofern dies nicht anders bestimmt ist.

Ansonsten fällt alles, also auch die persönlichsten Dinge, den Erben zu. – Wer dagegen ein Vermächtnis erhält oder Begünstigter einer Auflage ist, muß die Leistung vom Erben verlangen und wird durch den Erbfall nicht automatisch in sein Recht gesetzt.

TESTIERFREIHEIT UND PFLICHTTEILSRECHT

Erbrecht ist Privatrecht. Es herrscht grundsätzlich die Privatautonomie. Jeder kann über sein Vermögen verfügen, wie er will (Testierfreiheit). Die gesetzliche Erbfolge ist nur eine Auffangregelung. Deswegen müssen natürlich auch die Ziele, welche ein Erblasser verfolgt, nicht gerechtfertigt werden. Er darf unvernünftig sein oder sich einen Jux machen. Und er muß von Gesetzes wegen auch nicht gerecht sein.

Zwar gilt hier wie überall: *sittenwidrige Verfügungen* sind nichtig (§ 134). Das Verbrechen darf nicht belohnt, das Schändliche nicht gefördert werden.

Aber das muß man nüchtern sehen. Es ist zwar noch nicht lange her, da konnte kein Mann einer Frau, die nicht seine Gattin oder Tochter war, ein Vermächtnis aussetzen, ohne daß die geschmälerten Erben, geradezu ermuntert und aufgestachelt durch eine heuchlerische und moralisierende Rechtsprechung des Bundesgerichtshofs, gegen das »Mätressentestament« angerannt wären. Heute betrachtet man dies wesentlich differenzierter. Schließlich muß sich ein Staat, der den Hurenlohn besteuert und die Steuerhinterziehung bei den Zinseinkünften zynisch in Kauf nimmt, nicht in die Intimitäten seiner Bürger eindrängen. Sittenwidrigkeit ist heute so gut wie kein Thema mehr.

Auch das *Pflichtteilsrecht*, das in §§ 2303 ff. geregelt ist, begrenzt die Testierfreiheit. Mit Recht: Der Mensch ist ein soziales Wesen: keiner gebiert sich selbst, erzieht sich selbst oder darf seine Familie beliebig im Stich lassen. Deswegen haben die »Angehörigen«, und das sind die Abkömmlinge, der Ehegatte und, wenn Abkömmlinge nicht da sind, die Eltern, einen Anspruch auf den Pflichtteil. Er beläuft sich auf die Hälfte des Wertes, den der Berechtigte nach der gesetzlichen Erbfolge bekommen würde. Den Pflichtteil kann der Erblasser (von schwerster Unwürdigkeit abgesehen) nicht entziehen. Insoweit, als der Pflichtteilsberechtigte beim Erben ausfällt, hat er allerdings nur einen Zahlungsanspruch in Geld. Er ist nicht Erbe und erwirbt somit kein Recht an den Nachlaßgegenständen.

DER ZUGEWINN DER EHEGATTEN

Wenn die Ehegatten im gesetzlichen Güterstand der Zugewinngemeinschaft leben, kann der Überlebende eine Erhöhung seines Erbteils als pauschalen *Zugewinnausgleich um ein Viertel* der Erbschaft verlangen (§§ 1931 III, 1371 I). Mithin bekommt der Ehegatte neben Kindern und Enkeln die Hälfte, neben Eltern, Geschwistern und Großeltern drei Viertel. Diese Regelung gilt unabhängig von der Frage, ob der Erblasser oder die Ehegatten tatsächlich einen Zugewinn erzielt haben.

Nun kann die Harmonie auch gestört sein. Ist der Ehegatte oder die Ehegattin weder Erbe noch auch mit einem Vermächtnis bedacht, kann er/sie den Zugewinn real verlangen, bekommt aber – unabhängig davon, ob und wie groß ein Ausgleich ausfällt – erbrechtlich nur den sogenannten »kleinen Pflichtteil«, also ohne die Erhöhung des § 1371 I, das ist ohne Kinder ein Viertel, sonst ein Achtel.

Ist der Ehegatte zu einem geringeren Teil eingesetzt, kann er/sie diesen auf den »großen Pflichtteil« von drei Achteln oder einem Viertel ergänzen (»Pflichtteilsrestanspruch«, § 2305). Der Betreffende hat aber auch die Wahl, die Einsetzung auszuschlagen, und steht dann so, als wäre er/sie enterbt worden.

Die Pauschalierung unabhängig von der tatsächlichen Höhe des Zugewinns muß zu ungereimten Resultaten führen. Wenn die Zuwendung also geringer als der gesetzliche Erbteil ausfällt, sollte der Überlebende die gegebenen Gestaltungsmöglichkeiten sorgsam abwägen.

Das kann man wie mit einer Matrix selbst durchspielen. Nehmen Sie die beiden extremen Beispiele, daß (A) die Ehegatten ihr erworbenes Vermögen – ohne Anfangsbestand – zum Beispiel in Grundstücken angelegt haben und überall als Miteigentümer eingetragen sind; so ist der Zugewinn vielleicht erheblich, aber beide Ehegatten haben schon das halbe Vermögen, der Ausgleichsanspruch beträgt also Null (minimaler Zugewinnausgleichsanspruch). Ist dagegen (B) überall nur der Ehemann eingetragen, besitzt die Ehefrau nichts, doch ihr Ausgleichsanspruch umfaßt das halbe Vermögen (maximaler Ausgleichsanspruch).

Im Ergebnis ist die Bandbreite dessen, was der überlebende Ehegatte (1) in der gesetzlichen Erbfolge mit pauschalem Zugewinnausgleich, bei (2) Enterbung oder Ausschlagung mit konkretem Zugewinnausgleich und »kleinem Pflichtteil« sowie bei (3) Teileinsetzung und »großem Pflichtteil« erhalten würde, je nach Höhe des

Ausgleichsanspruchs beträchtlich. Bezogen auf das gemeinsame Ehegattenvermögen reicht sie, wenn keine Kinder da sind, von sieben Achteln bis zu einem Achtel. Sind Kinder da, so könnte der Anteil am Gesamtvermögen zwischen drei Vierteln und einem Achtel variieren, wenn der Ehegatte nicht auf die im Einzelfall günstigeren Wahlmöglichkeiten ausweichen würde. Im einzelnen treten hier eine Reihe von Problemen auf.

TESTIERFÄHIGKEIT

Die Fähigkeit, eine erbrechtliche Verfügung zu treffen, nennen wir *Testierfähigkeit.* Sie beginnt mit 16 Jahren, doch ein Minderjähriger muß sich, damit sein Testament wirksam ist, von einem Notar beraten lassen; also kommt nur ein notarielles Testament in Betracht. Die Testierfähigkeit fehlt nur dann, wenn der Erblasser tatsächlich geistes- oder bewußtseinsgestört ist. Das Betreuungsgesetz hat die Entmündigung seit dem 1. 1. 1992 abgeschafft. Das sollte ausdrücklich die Selbstbestimmung der Betreuungsbedürftigen verbessern. Wer also in seinem Bewußtsein gemindert ist, kann dennoch in lichten Momenten ein Testament oder ein gemeinschaftliches Testament errichten.

Unter älteren Menschen muß man hier ein Problem klar ansprechen. Jede Verfügung hat zwei Seiten, und wo einer begünstigt ist, muß ein anderer kürzer treten. Es gibt eine unwürdige Reihe von Fällen, in denen nahe oder auch weniger nahe Angehörige versuchen, ein ihnen nachteiliges Testament, vielleicht auch nur ein solches, welches überraschend klang oder sie enttäuscht hat, wegen angeblicher Geistesschwäche des Testierenden anzufechten. Wie oft muß man als Anwalt solche Ansinnen entschieden abwehren. Andererseits gibt es Fälle, in denen man auch bei nüchterner und unparteiischer Betrachtung sagen muß, daß der Erblasser das maßgebliche Testament wirklich nicht im Vollbesitz seiner geistigen Kräfte errichtet haben kann. Ein sinnwidriges Ergebnis ist aber noch kein Beweis, und wer ein Testament anficht, muß den Anfechtungsgrund beweisen. Die meisten Gelder, die hier in Prozessen verplempert werden, könnten besseren Zwecken dienen.

Nicht immer sind es neidische Erben, die dem alten Menschen grundlos die Geisteskraft absprechen, wie bei diesem rüstigen Achtzigjährigen. Als es mit der Hygiene und dem Gasherd problematisch wurde, engagierte er eine Haushälterin. Er ließ sich von ihr bekochen, waschen und von der adretten Fünfundvierzigerin spazierenfahren. Doch schwuppdiwupp war das Girokonto leer, die Sparbücher abgeräumt, und dann war auch noch ein Erbvertrag gemacht, den er jetzt wieder anfechten wollte. Die Haushälterin hatte ihn nämlich an die Wäsche gelassen und dann erpreßt. Und unser Schwerenöter dachte, na ja, gehe ich eben mit zum Notar und unterschreib's mal, nachher kann ich immer noch so tun, als wäre ich neben der Kapp' gewesen. Aber der Amtsarzt hat ihn durchschaut, und so stand es im Prozeß auf Spitz und Knopf, daß er bald alles eingebüßt hätte.

Tatsache ist, daß man als älterer Mensch manchmal vergeßlich und verwirrt sein kann. Das ist nicht angenehm, aber auch nicht ehrenrührig. Erst wo das Problem verleugnet wird, entsteht eine ärgerliche Grauzone. Hier ein paar Ratschläge:

– Vermeiden Sie eine totale Überraschung Ihrer Erben. Sprechen Sie, solange Sie dazu gut in der Lage sind, mit denen, die ein Erbe erwarten, über die Verfügungen, die Sie vorhaben. Wenn das zu Lebzeiten nüchtern beredet und begründet wurde, gibt es nachher nichts anzufechten.

– Wenn Zweifel auch nur vorstellbar sind, ob der Erblasser oder die Erblasserin (noch) testierfähig ist, und sei es allein wegen des hohen Alters, sollte man diese Zweifel aktiv ausräumen. Man kann das Testament in notarieller Form errichten, wobei der Notar verpflichtet ist, sich bei der Errichtung davon zu überzeugen, daß der Verfügende testierfähig ist. Will man den Inhalt dem Notar nicht bekanntgeben, so kann man das Testament eigenhändig errichten und es dem Notar im verschlossenen Umschlag in Verwahrung geben. In diesem Fall wird man dem Notar erklären, daß das Testament soeben errichtet worden ist, und ihn bitten zu bestätigen, daß man geistig noch fit ist. Dies kann er später als Amtsperson bezeugen.

– Möchte man den Notar nicht einschalten,

oder ist das zu aufwendig, so sollte man wenigstens eine vertrauenswürdige Person oder mehrere hinzuziehen, die nachher bezeugen können, daß der Betreffende bei der Testamentserrichtung klar im Kopf war. Man wird dann zum Beispiel das Testament aufsetzen und den nächsten Besuch des Hausarztes zum Anlaß nehmen, ihm zu sagen: Ich möchte jetzt mein eigenhändiges Testament zu Ende schreiben. Bitte bestätigen Sie mir, daß ich geistig dazu in der Lage bin. Dann setzt man sich hin und schreibt sein Testament einschließlich des Datums fertig und unterschreibt es auch. Der Arzt wird um folgendes Beischreiben auf die Rückseite des letzten Blattes gebeten: »Ich, Dr. X, bin als Hausarzt der Erblasserin Y / Facharzt für … bei der Abfassung des beigefügten Testaments zugegen gewesen und treffe als Arzt die Feststellung, daß Frau Y im Vollbesitz ihrer geistigen Kräfte ist.« Damit ist eine Beweisurkunde geschaffen, die praktisch kein Gericht zur Seite wischen kann. In kritischen Fällen sollte man einen Facharzt für Psychiatrie und/oder Neurologie beiziehen.

DIE VERFÜGUNGEN VON TODES WEGEN

Bindungswirkung

»Verfügungen von Todes wegen«, wie sie das Gesetz nennt, gibt es als Testamente, gemeinsame Testamente und Erbverträge. Durch sie wird der Erblasser unterschiedlich stark gebunden.

Das *Testament* kann vom Erblasser zu jeder Zeit beliebig abgeändert oder widerrufen werden (§ 1937).

Anders sieht es aus beim *gemeinschaftlichen Testament der Ehegatten,* das meist als sogenanntes Berliner Testament (s. S. 40) errichtet wird. Solange beide Partner noch am Leben sind, besteht keine wirksame Bindung; darin unterscheidet es sich vom Ehevertrag. Der einseitige Widerruf des gemeinschaftlichen Testaments kann aber nur durch notarielle Erklärung erfolgen (§§ 2271 I, 2296). Wenn der andere Ehegatte verstorben ist, sind die wechselbezüglichen Verfügungen unabänderlich.

Die sicherste Bindung erreicht man mit einem *Erbvertrag* (§§ 1941, 2289). Erbverträge können mit beliebigen Personen geschlossen werden. Wie jeder Vertrag kann der Erbvertrag durch übereinstimmende Abänderung oder Aufhebung umgestaltet werden; ein einseitiger Widerruf ist aber unzulässig.

Das öffentliche Testament

Wir unterscheiden das öffentliche vom eigenhändigen oder privatschriftlichen Testament.

Das öffentliche Testament erstellt man mit Hilfe des Notars. Der Vorteil ist: Bei notariellen Testamenten gibt es praktisch keinen Zweifel an der Echtheit. Auch soll der Notar darauf drängen, daß der Inhalt unmißverständlich ist. Bei komplizierteren Verhältnissen garantieren freilich auch notarielle Testamente keine absolute Eindeutigkeit. Doch verglichen mit privatschriftlichen Urkunden, die häufig Durchstreichungen, Ergänzungen und Unklarheiten enthalten oder an Formmängeln leiden, ist das notarielle Testament erheblich verläßlicher.

Die notarielle Beurkundung kostet allerdings eine Gebühr, die sich nach dem Wert des Nachlasses richtet. Am bequemsten ist es, wenn man dem Notar mündlich darlegt, was angeordnet werden soll. Der Notar ist zur Beratung verpflichtet, er sollte also den Willen des Testierenden gründlich erforschen und ihn darüber belehren, wie er seine Ziele und Zwecke am besten verwirklichen kann. In der Praxis liegt da manches im argen. Es gibt Notare, die sorgfältig zuhören und sich Gedanken machen, und andere, die alles, was nicht gerade zum Himmel schreit, unbesehen verbriefen.

Der Erblasser kann jedoch auch seine eigenen Vorstellungen zu Papier bringen. Das Gesetz sieht als Alternative die Übergabe einer offenen Schrift an den Notar vor. Dieses Schriftstück muß der Erblasser nicht eigenhändig geschrieben haben, er muß es auch gar nicht selbst aufgesetzt haben, sondern kann einen Helfer, zum Beispiel seinen Rechtsanwalt, beigezogen haben. Auch in diesem Fall ist der Notar, wie beim mündlich erklärten Willen, zur Beratung über Zulässigkeit, Zweckmäßigkeit und Folgen der Verfügungen verpflichtet.

Sogar das Folgende ist ein öffentliches Testament: Der Testierende übergibt dem Notar ein verschlossenes Schriftstück als sein Testament. Bei dieser Alternative kann der Notar vom Schriftstück keine Kenntnis nehmen (und natürlich auch seine Beratungspflicht nicht ausüben).

Bei jeder Beurkundung muß sich der Notar von der Identität des Erklärenden überzeugen. Daher nimmt man grundsätzlich einen Personalausweis mit. Er soll zudem einen Vermerk erstellen, ob der Erklärende nach seinem Eindruck testierfähig gewesen ist.

Über die Beurkundung wird eine Niederschrift erstellt, und der Testierende bekommt eine Abschrift. Das Original hinterlegt der Notar beim zuständigen Amtsgericht; von der Errichtung soll das Standesamt am Geburtsort des Erblassers unterrichtet werden, damit man es später leicht auffindet.

Das eigenhändige Testament

Am meisten verbreitet ist das eigenhändige oder private Testament. Dieses kann man leicht, schnell und ohne die Mitwirkung anderer Personen errichten. Der Preis für diese Bequemlichkeit ist, daß die anderen nachher seine Echtheit bestreiten oder Verfälschungen behaupten können. Auch sind dem Laien vielfach nicht alle rechtlichen Konsequenzen bewußt, ganz zu schweigen von steuerlichen Folgen (auf die letzteren erstreckt sich freilich auch die Beratungspflicht des Notars nicht).

Vorteil: Das private Testament kann ein Erwachsener zu jeder Zeit ohne jede fremde Mitwirkung errichten.

An die Eigenhändigkeit stellen Gesetz und Rechtsprechung strenge Anforderungen. Der Erblasser muß den Wortlaut wirklich vollständig mit eigener Hand geschrieben haben. Eine Stellvertretung ist da nicht zulässig; sogar wenn eine andere Person nur die Hand führt, ist es unwirksam (BGHZ 48, 68). Die Schreibunterlage darf ein anderer natürlich halten. Und es ist klar, daß eigenhändig nur die Handschrift ist, nicht etwa ein mit der Maschine geschriebener Text, mag sich auch beweisen lassen, daß diesen der Erblasser selbst getippt hat. – Da hatte jemand zum Beispiel in seinem Testament geschrieben: Ich setze meine Frau und meine Neffen A. und B. zu gleichen Teilen als Erben ein. Später wurde noch eine Nichte geboren. Daraufhin fügte er mit Schreibmaschine über seiner Unterschrift den Satz ein: Auch meine Nichte M. soll Erbin sein, somit jeder zu einem Viertel. Der Einschub war unwirksam, da nicht mit eigener Hand geschrieben; die Nichte bekam nichts. Auch mit Auslegung nach dem mutmaßlichen Willen des Erblassers war angesichts des klaren Wortlauts des Gesetzes nichts zu machen.

Wird im formrichtigen Testament auf eine nicht eigenhändige Verfügung Bezug genommen, etwa eine maschinengeschriebene Liste von Vermächtnissen, so wird die letztere nicht wirksam, obwohl aus der eigenhändigen, wirksamen Erklärung zweifelsfrei hervorgeht, daß der Erblasser die andere Regelung auch gewollt hat.

Damit sind alle zwingenden Formerfordernisse besprochen. Die Art des Schreibmaterials und des Schreibzeugs sind unerheblich. Auch ein Bleistift ist geeignet. Bei sehr flüchtiger Schrift wäre zweifelhaft, ob es sich nur um einen Entwurf handelt. Auch die Schriftart ist frei – wer lieber Druckschrift schreibt, mag diese verwenden.

Das private Testament muß *unterschrieben* sein. Erstens damit man den *Urheber* sicher feststellen kann. Und zweitens muß die Erklärung durch die Unterschrift *abgeschlossen* sein. Früher wurde verlangt, daß die Unterschrift den vollen Vor- und Nachnamen wiedergibt. Das hat sich etwas gelockert. Auch Kosenamen, Künstlernamen sollen genügen, wenn sie die Person deutlich genug bezeichnen. Problematisch ist es, wenn die Erklärung nur mit »Papa«, »Omi« oder dergleichen unterschrieben ist. Ebenso, wenn nur mit den Initialen abgekürzt wird »M.K.«. Aus dem Abgeschlossenheitserfordernis ergibt sich, daß die Unterschrift unten stehen muß; die Namensnennung im Briefkopf reicht nicht.

Nach § 2247 Abs. 2 soll das eigenhändige Testament *Zeit* und *Ort* der Errichtung angeben. Eine Verletzung dieser Sollvorschrift macht das Testament nicht nichtig. War allerdings der Erblasser zeitweilig geschäftsunfähig und kann nicht sicher festgestellt werden, wann das Testament erstellt wurde, so führt das zur Nichtigkeit. Dasselbe gilt, wenn mehrere Testamente vorliegen und mangels Zeitangabe nicht herauszukriegen ist, welches den letzten Willen des Erblassers repräsentiert.

Das privatschriftliche Testament kann, ähnlich wie ein öffentliches, beim Notar zur öffentlichen *Verwahrung* hinterlegt werden. Das ist für den Nachweis der Echtheit vorteilhaft und schließt ein Abhandenkommen aus. Es bleibt dabei jedoch ein privates Testament. Einen entscheidenden Unterschied gibt es. Läßt sich der Erblasser ein öffentliches Testament vom Notar herausgeben, so gilt es kraft Gesetzes als widerrufen. Darauf muß ihn der Notar aber hinweisen. Wer nur wissen will, was er seinerzeit verfügt hat, sollte sich eine Abschrift geben lassen (bei einem verschlossen übergebenen öffentlichen Testament geht das natürlich nicht). – Ein privates Testament, das nur zur Aufbewahrung hinterlegt wurde, bleibt gültig, wenn man es aus der Verwahrung wieder abholt.

Das gemeinschaftliche Ehegattentestament

Es kann eigenhändig oder notariell errichtet werden. Ehegatten können ein privates Testament zusammen errichten, wenn es der eine eigenhändig schreibt und beide es unterzeichnen.

Das gemeinschaftliche Testament ist kein Vertrag, es tritt hier also keine Bindung ein, solange die beiden Eheleute am Leben sind, sondern es bleiben zwei in einer Urkunde verbundene Erklärungen.

Beim gemeinschaftlichen Testament muß zunächst klar sein, welche Regelungen »wechselbezüglich«, also für beide Teile verbindlich sind. Fast jedes gemeinschaftliche Testament enthält auch Regelungen, die von einem der beiden Erklärenden einseitig getroffen werden, und die er oder sie nach dem Willen beider nach wie vor beliebig ändern darf.

Wenn etwa das verbreitete Berliner Testament regelt, daß die Ehegatten einander zu Alleinerben einsetzen und die Kinder für den Fall, daß sie dennoch schon nach dem Tod des Erstverstorbenen ihren Pflichtteil herausverlangen, auch vom Zweitversterbenden auf den Pflichtteil beschränkt sein sollen, so ist der Zweitversterbende nicht gehindert, diese Klausel, die ja nur seinem Schutz dient, zugunsten der Kinder später aufzuheben. Anders ist es, wenn das Berliner Testament dahingehend ergänzt ist, daß die aus verschiedenen Familien herrührenden Stämme nach dem Tod des Letztverstorbenen zu gleichen Teilen erben sollen. Hier kann man schon bei der Auslegung unterstellen, daß dies der Überlebende nicht zugunsten seiner eigenen Nachkommen oder Familie verändern können soll, weil das ja einer Enterbung der anderen Linie gleichkäme. Doch nur selten ist ganz klar, welche Regelungen wechselbezüglich sind und welche anderen der überlebende Ehegatte abändern darf.

Das erinnert mich an den Fall eines bedeutenden Künstlers. Er war wohl ein recht lebensgieriger Geselle. Jedenfalls sorgte seine Frau dafür, daß ein junges Mädchen ins Haus kam, das nicht nur geistig seine Muse wurde. Kinder gab's keine. Und weil die Ehefrau die Sache angestiftet hatte, wurde später ein Testament gemacht, gemeinschaftlich wohlgemerkt, in dem sie sich gegenseitig zu Alleinerben einsetzten, jedoch sollte die Muse nach dem Tode des Zweitversterbenden den ganzen künstlerischen Nachlaß bekommen. Der Künstler starb, und bald war die Herzlichkeit vorbei. Die Witwe errichtete nacheinander 27 Testamente, mit denen sie versuchte, das Vermächtnis der anderen auszuhöhlen. Im Rechtsstreit mußte Stück für Stück geprüft werden, welche Verfügungen wechselbezüglich waren und was die Witwe noch ändern durfte.

Das gemeinschaftliche Ehegattentestament ist in der Praxis ausgesprochen beliebt, weil es die Testierbedürfnisse einer Normalfamilie in den üblichen Verhältnissen einfach und preiswert befriedigt. Auch ist es so flexibel, daß jeder Ehepartner auf künftige Entwicklungen angemessen reagieren kann. Ein gemeinschaftliches Testament können nur Ehegatten in gültiger Ehe errichten, nicht Verlobte und auch nicht langjährige Lebenspartner. Ein unwirksames Testament von Verlobten wird nicht wirksam, wenn sie später heiraten. – Was aber gilt, wenn sich die Ehegatten scheiden lassen und ein Widerruf (eventuell versehentlich) unterbleibt? Das Gesetz gibt dafür die Auslegungsregel, daß gegenseitige Einsetzungen nicht wirksam sein können. In der Regel betrachten wir mit Rechtskraft der Scheidung das Testament als unwirksam. Im Einzelfall könnte sich auch etwas anderes ergeben.

Der Erbvertrag

Der Erbvertrag kann nur vor dem Notar abgeschlossen werden. Deshalb brauchen wir hier die Formalien nicht näher zu erörtern. Anders als das gemeinschaftliche Testament ist er zwischen beliebigen Personen möglich. Ein freier Widerruf ist ausgeschlossen.

Problematisch ist, daß sich oft noch zu Lebzeiten der Erblasser die Verhältnisse grundlegend ändern. Das Ehepaar schließt zum Beispiel mit einem Neffen (»Ich arbeite nur mit, wenn ich auch den Betrieb bekomme!«) einen Erbvertrag, damit der langfristige Bestand des Betriebes gesichert ist. Danach wird noch ein eigenes Kind geboren. Oder ein Dritter wird adoptiert. Oder der Neffe stirbt selbst oder wird berufsunfähig. Oder das Geschäft geht in Konkurs. Hier hat die Rechtsprechung für die verschiedenen Fallgruppen eine Fülle von Rechtsbehelfen entwikkelt, um die Erbverträge, wenn sie ihren Zweck ja sichtlich nicht erfüllen, entweder durch Auslegung an die Gegebenheiten anzupassen oder durch Anfechtung wirkungslos zu machen. Probleme dieser Art sollte man mit fachkundiger Unterstützung lösen.

Anmerkung

Wem gilt eigentlich das Bezugsrecht bei Ihrer *Lebensversicherung*? – Das sollte man bei der Erbgestaltung mitbedenken.

Durch ein tragisches Versehen war die längst geschiedene Ehefrau noch eingetragen, als der Mann nach langer – und teurer – Krankheit verstarb. Die bekam die halbe Million von der Lebensversicherung. Die Geschwister haben 400000 DM Schulden geerbt – und leider im Vertrauen auf die Versicherung versäumt, die Erbschaft auszuschlagen. Und nichts geht mehr!

DIE WICHTIGSTEN ERBRECHTLICHEN GESTALTUNGEN

Es gibt ebenso viele erbrechtliche Gestaltungsmöglichkeiten, wie es Gründe gibt, von der gesetzlichen Erbfolge abzuweichen oder sie zu ergänzen.

Von größter Tragweite sind Verfügungen, mit denen der Kreis der Erben anders als im Gesetz bestimmt wird, also die *Erbeinsetzung* (§ 1937) und die *Enterbung* (§ 1938).

Das Testament soll festlegen, wer überhaupt Erbe sein soll. Sind es mehrere, so bilden die »Miterben« eine »Erbengemeinschaft«. Miterbe ist man immer nur zu einem Bruchteil am gesamten Nachlaß. Wenn also jemand schreibt: »Meine Ehefrau erbt meinen Anteil am Wohnhaus im Geißweg, meine Tochter Ruth den Bauplatz in Feuerbach und mein Sohn Max den Bausparvertrag und den Mercedes«, dann muß man diese Erklärung auslegen, was gar nicht einfach ist, weil der Erblasser nicht festgelegt hat, ob er damit die gesetzlichen Quoten belassen (gegebenenfalls mit Wertausgleich zwischen den Erben) und nur die Verteilung regeln (§ 2089) oder aber eine Erbeinsetzung mit Teilungsanordnung vornehmen wollte. Damit der einzelne über seinen

Gegenstand verfügen kann, muß zuerst eine »Auseinandersetzung« stattfinden.

Wenn man also mehr als eine Person zu Erben beruft, sollte man die Bruchteile angeben, auf die der einzelne eingesetzt wird. Verrechnet man sich, so schadet das nichts: es wird entsprechend gekürzt oder aufgestockt (§ 2089f.). Das ist auch nützlich, damit man die Bruchteile der Pflichtteilsberechtigten im Auge behalten kann.

Jede Erbeinsetzung hat als ihre notwendige Kehrseite die völlige oder teilweise Enterbung eines gesetzlichen Erb-Aspiranten. Soweit die Enterbung pflichtteilsberechtigte Personen betrifft, habe ich mir angewöhnt, die Enterbung ausdrücklich im Testament zu formulieren; so kann der Anfechtungsgrund des § 2079 (Übergehen von Pflichtteilsberechtigten) gar nicht in den Blick kommen. Es zwingt zugleich dazu, daß man sich Gedanken macht, wie dem Enterbten der Pflichtteil bezahlt werden soll, oder was ihm oder ihr anstelle des Erbteils, zum Beispiel als Vermächtnis, zugewendet werden kann.

Manchmal ist die Anordnung einer *Vor- und Nacherbfolge* (§§ 2100ff.) zweckmäßig. Man kann damit die Erbreihe staffeln. Der Eintritt der Nacherbschaft kann von einem Ereignis – etwa dem Tod des Vorerben, seiner Wiederheirat – oder auch von einem Zeitpunkt abhängen.

Auch sogenannte »Potestativbedingungen« sind zulässig, das sind Umstände, auf die der Nacherbe selbst Einfluß nehmen kann (»Wenn mein Neffe Robert das Staatsexamen macht, sonst am ...« – »Wenn Y sich verheiratet«).

So werden also zwei zeitlich aufeinanderfolgende Erbfälle geregelt. Der Nacherbe ist zwar noch nicht Erbe, doch er hat eine geschützte Rechtsstellung, die wir als »Anwartschaftsrecht« bezeichnen (§ 2113 ff.). Das bleibt es auch, wenn der Vorerbe »befreit« ist, also zum Beispiel die Mutter vor den Kindern mit dem Vermögen des Vaters tun und lassen darf, was sie will (sie darf trotzdem nichts verschenken, nicht in den Nachlaß vollstrecken lassen, muß Surrogate bei Veräußerungen in den Nachlaß einbringen und muß Auskunft geben).

Anwachsung oder *Ersatzerben.* Wenn mehrere Erben berufen sind und einer von ihnen wegfällt, tritt entweder eine andere Person an dessen Stelle, oder die übrigen Erbteile werden im Verhältnis erhöht (»Anwachsung«).

Der Ausfall des Erben kann durch sein Versterben begründet sein, aber auch durch Ausschlagung, Erbverzicht, Erbunwürdigkeit, Abgang der erwarteten Leibesfrucht, oder auch, weil eine Bedingung für die Erbeinsetzung nicht zustandekam. In der gesetzlichen Erbfolge ist die Anwachsung die Ausnahme, die erst ab der dritten Ordnung eingreift; in der ersten und zweiten Ordnung wird nach Stämmen geteilt, und die Abkömmlinge treten automatisch ein.

In der gewillkürten Erbfolge ist dagegen die Anwachsung, sofern nichts anderes bestimmt ist, die Regel: Der Anteil wächst den übrigen Benannten im Verhältnis von deren Quoten zu (§ 2094 I, vgl. aber II!). Will der Erblasser eine Regelung wie in der gesetzlichen Erbfolge erzielen und gegebenenfalls seine Enkel oder Neffen eintreten lassen, so muß er sie als *Ersatzerben* (§ 2095 ff.) für den Wegfall des Erben berufen. Diese treten dann an die Stelle des Vorgesehenen.

Das *Berliner Testament* ist ein gemeinschaftliches Testament, in dem die Ehegatten einander gegenseitig, und auf den Tod des Längerlebenden einen bzw. mehrere Dritte, und zwar meist die Kinder, einsetzen. Es gibt zwei Gestaltungen: Entweder wird beim Tod des Ersten der/die Zweite Vorerbe und die Kinder Nacherben auf den Tod des Überlebenden. Dann bleiben die beiden Vermögen von Vater und Mutter unterschieden (»Trennungsprinzip«). – Bei der anderen Variante wird der andere Partner Alleinerbe (Vollerbe) nach dem Tod des Erstversterbenden, so daß beide Vermögensmassen bei ihm zusammenfallen (»Einheitsprinzip«). Auf seinen Tod

Unser Letzter Wille

Wir, die Eheleute Christa Joos-Brender und Hans Brender, setzen uns gegenseitig zu Alleinerben ein. Schlußerben nach dem Längerlebenden sind zu gleichen Teilen Ruth Alber (Tochter von Hans aus erster Ehe), Fritz Brender und Sebastian Brender ersatzweise ihre Abkömmlinge.

Falls ein Schlußerbe seinen Pflichtteil vom Längerlebenden verlangt, erhält er und seine Abkömmlinge auch vom Nachlaß des Längerlebenden nur den Pflichtteil.

Das Haus Bergweg 27 soll Ruth übernehmen, Fritz den Bauplatz in Heidenheim und Sebastian das Geld und die Wertpapiere. Der Wert der Grundstücke soll von der gemeindlichen Schätzkommission festgestellt und zwischen den Erben ausgeglichen werden.

Eine Liste unserer Vermächtnisse fügen wir bei.

Stuttgart, den 17. Juli 1993

Christa Joos-Brender
Hans Brender, 17.7.93

Muster eines eigenhändigen Berliner Testaments

werden die Kinder (oder sonstigen zu bedenkenden Dritten) zu sogenannten »Schlußerben« eingesetzt.

Ist Vor- und Nacherbschaft gewählt, so unterliegt der Überlebende einschneidenden Verfügungsbeschränkungen. Er darf die Gegenstände des Vorerbes nicht veräußern, belasten, verpfänden, verschenken, muß Inventare erstellen und Rechnung legen und darf nicht übermäßig Früchte ziehen (§ 2112 ff.). Deshalb wird meist angeordnet, daß der Vorerbe von diesen Beschränkungen befreit sein soll.

Ob Einheit oder Trennung gewollt ist, muß man auslegen. Nur wenn dies kein Ergebnis bringt, stellt das Gesetz in § 2296 I eine Vermutung für die Vollerbschaft des Längerlebenden auf. Beide Regelungen ziehen unterschiedliche Folgen nach sich, wenn die Entwicklung nicht planmäßig verläuft. Nach dem Einheitsprinzip erben nur diejenigen Kinder oder Dritten, die beim Tod des Überlebenden noch selbst am Leben sind. Aus diesem Grund werden häufig für die Schlußerben noch »Ersatz-Schlußerben« eingesetzt. – Beim Trennungsprinzip dagegen erwirbt der Nacherbe bereits mit dem ersten Erbfall ein Anwartschaftsrecht, das seinerseits im Erbgang weitergereicht wird (z. B. zu drei Vierteln an den Ehegatten bei Kinderlosigkeit).

Ist jemand pflichtteilsberechtigt, zum Beispiel

als Kind, so kann er trotz Vollerbschaft des Ehegatten seinen Pflichtteil verlangen. Da der Ehegatte aber zum Alleinerben eingesetzt ist und meist auch das Erbe ungeschmälert genießen soll, wird häufig – da der Pflichtteil ja nicht ausgeschlossen werden kann – eine *Strafsanktion* für den Fall vorgesehen, daß der Berechtigte den Pflichtteil dennoch verlangt: Er soll dann nach dem Zweitversterbenden auch nur den Pflichtteil bekommen. Dieser Pflichtteil wird dann nach dem berechnet, was von beiden Nachlaßmassen noch übrig ist. – Bei Vor- und Nacherbschaft dagegen kann der Pflichtteilsberechtigte diesen nur geltend machen, wenn er die Einsetzung zum Nacherben ausschlägt *(»Verwirkungsklausel«)*. – Um das zu vermeiden, kann man für den Fall des Pflichtteilsverlangens den übrigen Kindern bedingte Vermächtnisse aussetzen, welche erst beim Tod des zweiten zur Auszahlung fällig werden.

Manchmal wird eine *Wiederverheiratungsklausel* vorgesehen, damit entweder mit der neuen Heirat der Nacherbfall eintritt oder aber darin eine Bedingung für den Eintritt der Vollerbschaft gesetzt wird. Da dies einen totalen Erbverlust des Überlebenden ergibt, geht man davon aus, daß dann auch die Bindung des Überlebenden bezüglich seines Nachlasses wegfällt.

Sehr häufig werden mit der letztwilligen Verfügung Vermächtnisse (§§ 1939, 2174 ff.) und Auflagen (§§ 1940, 2192 ff.) angeordnet.

Das *Vermächtnis* ist die Zuwendung eines Vermögensgegenstandes auf den Todesfall, die nicht auf einer Erbeinsetzung beruht. Es kann aber neben einer Erbeinsetzung zugunsten der gleichen Person zugewendet werden, dann nennen wir es »Vorausvermächtnis«. Da der Vermächtnisnehmer kein Erbe ist, hat er auch keine Rechte an den Gegenständen des Nachlasses, vielmehr nur einen Leistungsanspruch gegen den oder die Beschwerten. Wenn jemand einzelne Gegenstände bekommen soll, ist das im Zweifel (§ 2087 II) als Vermächtnis zu werten. Beschwert können die Erben, ein einzelner Erbe oder auch der Empfänger eines umfassenderen Vermächtnisses sein (»Untervermächtnis«).

Das Vermächtnis ist die flexibelste erbrechtliche Zuwendung. Man kann die Bestimmung des Vermächtnisnehmers auch einem Dritten überlassen. Das ist wichtig zum Beispiel beim Unternehmertestament zugunsten des bestgeeigneten von mehreren Sprößlingen. Das Vermächtnis kann von einer Bedingung abhängen und auch die Verschaffung eines Gegenstandes (»C. bekommt eine gute Geige im Wert bis zu DM 10000,–, die sie bei Hieronymus K. aussuchen darf.«) enthalten.

Eine sehr wichtige Form des Vermächtnisses ist die Einräumung eines Nießbrauchs am Nachlaß oder einzelnen Nachlaßteilen. Dieser kann, besonders bei betagten Personen, anstelle einer Vorerbschaft sinnvoll sein.

Übrigens, bevor ich darüber den Mantel vornehmen Schweigens breite: Auch die *Pflegetätigkeit* eines Angehörigen für einen alten Menschen kann man in Geld bewerten, und bevor es Streit oder Gefühle des Zukurzkommens gibt, sollte es am besten der Erblasser selbst klar ansprechen. Eine Pflegekraft, die 37,5 Stunden (von 168 Stunden) in der Woche da ist, bekommt zweieinhalb- oder dreieinhalbtausend Mark im Monat plus Arbeitgeberanteile. Fünf Stunden am Tag kommen für das Pflegen, Waschen, Einkaufen usw. schnell zusammen – da braucht man kein Schwerstpflegefall zu sein!

Also kann man als alter Mensch mit ein bißchen Verstand ein angemessenes (Voraus-)Vermächtnis aussetzen. Angemessen wären oft erhebliche Beträge. Was ist denn angemessen, wenn jemand einen oft Bettlägerigen drei Jahre lang täglich versorgt hat? Fünfzehntausend, dreißigtausend? Nein, *hundertfünfzigtausend!* Und für nur drei Jahre. – Bitte bedenken Sie, daß wir im Alter nicht nur zum Geiz tendieren, sondern meist die Preise, Kosten und Gehälter viel zu niedrig schätzen, weil wir längst vergangene Verhältnisse im Kopf haben.

Nebenbei: Ich halte es für den Gipfel der Niedertracht, wenn man ein Vermächtnis, das man der Pflegeperson versprochen hat, kurz vor dem Ende widerruft oder aushöhlt. Selbst wenn man sich einmal über sie geärgert haben sollte.

Eine Alternative zum Vermächtnis ist die *Auflage.* Durch sie wird der Zuwendungsempfänger verpflichtet, eine bestimmte Leistung zu erbringen, ohne daß ein Begünstigter einen Anspruch darauf hat (»Meine Erben sollen die Mittel für eine Aufführung des Berliozschen Requiems durch ... bereitstellen«; S. soll allen Kindern der Grundschule im Sonnigen Winkel einen Wurstwecken, einen Apfel und einen hölzernen Bleistiftverlängerer schenken.«). Bei Auflagen ist der schöpferischen Phantasie freundlicher Menschen keine Grenze gesetzt; ihre praktische Bedeutung ist jedoch recht gering.

Im Testament können auch *Auseinandersetzungs-* (§ 2044) und *Teilungsanordnungen* (§ 2048) und Bestimmungen über die *Ausgleichspflicht* getroffen werden.

Die letzteren haben einige praktische Bedeutung, da in fast allen Familien mit mehreren Kindern zu Lebzeiten des Erblassers Zuwendungen in unterschiedlicher Höhe geflossen sind. Sie dienten der Berufsausbildung, dem Unterhalt, zur Ausstattung beim ersten Hausstand, für die Einrichtung oder den Kauf der Eigentumswohnung usw. Hier gibt § 2050 eine Anrechnungsregel, derzufolge die Ausstattung später auszugleichen ist, die Ausbildung im angemessenen Umfang aber nicht, und sonstige Zuwendungen auch nicht. Das ist oft unbillig und sollte durch eine Anordnung über die Anrechnung korrigiert werden.

Andere Regelungen betreffen den *Widerruf* früherer Testamente oder den Widerruf wechselbezüglicher Verfügungen bei gemeinschaftlichen Testamenten. Ein neues gemeinschaftliches Testament, die Ersetzung von Erbverträgen oder die Erklärung des Rücktritts davon, die Ernennung eines Testamentsvollstreckers (§ 2197 ff.) und ähnliches, aber auch Bestimmungen familienrechtlicher Art, etwa der Ausschluß oder die Beschränkung der Vermögensverwaltung durch die Eltern, wenn das Kind von Todes wegen erwirbt, oder die Einsetzung von Vormündern für das minderjährige Kind: all dies kann den Inhalt eines Testaments bilden. Man kann sogar eine Schenkung unter Lebenden durch Testament widerrufen. Das können wir hier nur andeuten.

WANN UND WIEVIEL DEN KINDERN ZUWENDEN?

Mancher wird sich wundern über diese Frage. Ist es denn nicht selbstverständlich, daß Kinder, wenn es sie gibt, am Ende alles bekommen? Das Gut fließt wie das Blut.

Nach der gesetzlichen Erbfolge sollen die Kinder, wenn der Versorgungsbedarf des Letztversterbenden einmal erfüllt ist, alles haben und fernere Erben ausgeschlossen sein.

Wenn ich trotzdem die Frage stelle, wann die Kinder etwas bekommen sollen und wieviel eigentlich, so gibt es keine Patentantwort. Ich möchte da auch gar nicht grundsätzlich werden, von wegen Privatautonomie und so. Ich rede als Schwabe auch keiner schleichenden Umverteilung das Wort!

Aber die Häufung bestimmter Fälle macht mich nachdenklich. Irgendwie stimmt unsere Güterverteilung nicht mehr. Die Leute erben einerseits zu spät und andererseits zu viel.

Unser Erbrecht hat sich ausgebildet, als die Familien größer waren. Ein wesentlicher Teil des Güteraustausches spielte sich innerhalb einer Familie ab, die von den Großeltern bis zu den Enkeln oder Urenkeln zwei, drei oder vier Generationen umfaßte. Mit der Aussteuer bekamen die Töchter die Grundlage für den eigenen Hausstand. Die Söhne wurden von den Eltern beim Erwerb von Haus oder Werkstatt unterstützt. Dazu war ein erheblicher Teil des Familienvermögens nötig, also mußten die Jungen später ihre Eltern »auf dem Altenteil« unterstützen.

Heute hat sich die Kleinstfamilie durchgesetzt. Auch die berufliche Mobilität hat dazu beigetragen. Wann schon leben die Großeltern noch mit ihren Enkeln unter einem Dach? Und wann erst leben und wirtschaften sie gemeinsam? – Die Großeltern sind allein oder in einer Seniorenwohnung und absolvieren das »dritte Lebensalter« als eine nochmals ganz eigene Lebensphase. Diese wird immer wichtiger, weil die Lebenserwartung steigt und steigt.

Das bedeutet für die wertvollsten Vermögensanteile, also insbesondere Grund- und Kapitalvermögen, daß sie in der Regel nicht in ein gemeinsames Wirtschaften eingehen, sondern bis zum Schluß in der Hand der älteren Generation verbleiben. Immer mehr wird es zur Normalsituation, daß die Greise von Senioren beerbt werden. Das bedeutet weiter, daß die Vermögen erst dann bei der nächsten Generation ankommen, wenn sie dort nicht mehr dringend gebraucht werden, weil der Aufbau der Familie und der Ausbau der beruflichen Stellung abgeschlossen sind. Das Erbrecht ist zwar noch eine Sicherung gegen Eventualitäten, schwere Krankheiten, Krisenfälle im Alter. Aber die ursprünglich vorausgesetzte Funktion, nämlich daß es die wirtschaftliche Basis der nächsten Generation sichert, erfüllt das Erbe heute nicht mehr. Man erbt in der Regel zu spät!

Selbst wenn nur wenig mehr als das Nötigste da ist – und da würde ich die Grenze bei einer kleineren Eigentumswohnung ziehen –, sollte der ältere Mensch überlegen, zu welchem Zeitpunkt er der jüngeren Generation etwas zuwenden kann. Ein kleinerer oder größerer Zuschuß, solange die Kinder halbwüchsig und der Bedarf hoch sind, hilft mehr als ein Erbteil, wenn man 50 oder 60 ist, die Kinder aus dem Haus und das Leben so ungefähr eingerichtet.

Wenn erst bei diesem Alter der Kinder der Erbfall eintritt, könnte man das Erbteil, das ja nicht eingeplant war, direkt an die jungen Familien der nächsten Generation weiterleiten – und sei es, indem man selbst das Erbe ausschlägt.

Mancher erbt auch zu viel! – Der Satz ist nur auf den ersten Blick erstaunlich.

Mit zunehmender Sorge nimmt mancher zur Kenntnis, daß das Verhältnis zwischen Vermögen und Arbeitseinkommen aus dem Gleichgewicht geraten ist. Eine Ursache dafür mag die

Überbewertung von Grund und Boden in unseren Ballungsräumen sein. Wer jetzt kein Haus hat, baut sich keines mehr: Selbst wenn einer sein ganzes Leben in der Fabrik arbeitet und bescheiden lebt, bekommt er in dreißig Jahren noch nicht einmal das Geld für einen Bauplatz zusammen. – Wer dagegen in Stuttgart ein Häusle hat, ist Millionär. Und wenn er von Vater und Mutter eins bekommt oder ein Äckerle dazu, was beim heutigen Trend zur Einkindfamilie ja nicht selten ist, darf er sich schon fragen, ob er vielleicht dumm ist, wenn er überhaupt noch zur Arbeit geht.

Also gibt es immer mehr Leute, die es – ohne eigene Anstrengung, sondern weil sie geerbt haben – eigentlich schon in jungen Jahren nicht mehr nötig haben zu arbeiten. Allein von meinen persönlichen Bekannten kann ich zwei Handvoll aufzählen – jüngere Leute oder Leute mittleren Alters –, die es nicht mehr nötig haben und ans Aussteigen denken. Oder schon ausgestiegen sind. Natürlich gab es auch früher Leute, die in jungen Jahren von den Zinsen leben konnten. Die nannten sich Pensionisten. Aber es waren nicht viele, und sie wurden durch den Druck der Umwelt zu allermeist zu einem produktiven Leben veranlaßt.

Aber jetzt wird die Ausnahme zwar nicht zur Regel, aber sie tritt immer öfter ein. Das verschärft den Gegensatz zwischen den anderen, die notwendig arbeiten müssen, und denen, die von den Zinsen ganz gut leben könnten. Ich glaube nicht, daß es gut ist, wenn es vielen Leuten so geht. Es gibt dann keine Normalität mehr, sondern eine gespaltene Gesellschaft, und zwar unabhängig davon, ob viele in jungen oder mittleren Jahren tatsächlich zum Aussteiger werden und ihr Erbe in die Toskana tragen.

Aber was kann ich individuell in dieser Situation machen, da ich als einzelner die Unterbewertung des Arbeitseinkommens und seine Aushöhlung durch Steuern, Sozialabgaben bis hin zur Pflegeversicherung nicht ändern kann?

Viel ist schon erreicht, denke ich, wenn wir uns überhaupt die Frage stellen, wieviel die Kinder schlußendlich brauchen – und wieviel wir selber behalten wollen.

Wie gesagt, wir bewegen uns auf eine Zwei-Klassen-Gesellschaft zu.

Auf der einen Seite stehen die Familien und die einzelnen, die kein nennenswertes Vermögen haben, auf den Pfennig achten und sich anstrengen müssen, daß sie über die Runden kommen. Da sammeln sich auch nicht viele Güter an, und wenn Kinder vorhanden sind, ist es selbstverständlich, daß sie im wesentlichen das Erbe bekommen.

Wer andererseits ein Vermögen hat, bei dem

ist es auch im Mittelstand gleich ein komfortables, und der Grundbesitz hat derartige Wertsteigerungen erlebt, daß man sich praktisch all das leisten kann, was man wirklich braucht und wünscht.

Nur, die Seite zu wechseln wird immer schwieriger. Wir sollen auch nicht vom eigenen mehr hergeben, als fürs eigene Sicherheitsbedürfnis gut ist. Trotzdem:

Wenn ich frage, wieviel die Kinder zur eigenen Absicherung nötig haben, wieviel ich mir auch selbst fürs Alter vorbehalten muß, was meistens etwa gleich viel sein dürfte und bei heutiger Währung zusammen nicht mehr als eine halbe Million ausmachen muß, stellt mancher überrascht fest, wieviel mehr er hat, als er braucht, und was er damit alles machen könnte.

UND UNSERN KRANKEN NACHBARN AUCH!

Wenn keine unmittelbaren Nachkommen da sind oder das Vermögen den realistischen Bedarf der nächsten Generation übersteigt, dann sollte man überlegen, was gezielte Zuwendungen über den engen Familienkreis hinaus bewirken können.

Wir stehen ja in einer Situation, in der viele Leute Geld haben, bei öffentlicher Armut. Der Staat streicht soziale und kulturelle Leistungen, wo er kann. Darunter leiden die Bibliotheken, die Sammlungen, die Jugendsozialarbeit, die Erholungseinrichtungen und vor allem die Jugendbildung im weitesten Sinne, die doch für die nächste Generation das Allerwichtigste ist.

Im angelsächsischen Bereich ist man mit dieser Situation schon länger vertraut und hat gelernt, mit mehr privater Initiative und Freigebigkeit zu antworten. Die Schotten zum Beispiel sollen ja geizig sein. Trotzdem hielt sich jeder in meiner Kirchengemeinde in Edinburgh auch in konjunkturschwachen Zeiten an zwei Regeln: Von laufenden Kapitaleinkünften nach Steuern war ein Drittel wieder anzulegen, ein Drittel höchstens durfte man verbrauchen, und »one third for charity«: ein Drittel dient wohltätigen

Zwecken. Und beim Erbfall bestimmten selbst einfache Leute, die nichts zu verschenken hatten, grundsätzlich »den Zehnten« für gemeinnützige Aufgaben. Waren keine engeren Angehörigen da, dann wurden ganz selbstverständlich nicht die Neffen und Nichten allein zu Haupterben, sondern ein Gutteil des Vermögens floß in sinnvolle Werke der Allgemeinheit.

So stiftete eine alte Dame – sie war Erzieherin und Wirtschafterin gewesen – zusammen mit wenigen anderen ein ganzes Heim für ledige Mütter (und machte sich den Spaß, ihren jungen Pfarrer in den Verwaltungsrat zu schicken). Später, als das wegen der Pille nicht mehr so nötig war, haben diese paar Privatleute eine Schmerz- und Sterbeklinik daraus gemacht. So etwas geht, wenn man Vertrauen und einen großen Vorsatz festhält! Denken Sie nur an die ältere Frau aus dem Schwarzwald, von der ich auf den ersten Seiten berichtet habe.

Was ich hier anregen möchte, ist nicht bloß menschenfreundlich gedacht. Es ist auch zweckmäßig, ja notwendig. Denn wenn wir die Solidarität weiter so verkümmern lassen, verkümmern wir selbst. – Es ist tatsächlich wichtiger, daß die Schule in der Nachbarschaft einen gut ausgestatteten Physiksaal und ein paar Musikinstrumente bekommt, als daß sich ein Neffe mit dem Golf GTI zum Krüppel fahren kann.

Der schöpferischen Phantasie, dem intelligenten Schenken ist keine Grenze gesetzt. Auch für uns selbst ist nicht bedeutungslos, ob wir uns für eine Aufgabe engagieren. Sie sollte konkret sein und uns herausfordern. Es ist einfach gut, mir vorzustellen, wie eine bestimmte Sache durch meine Zuwendung gedeihen kann.

Mit einem Vermächtnis kann man zugunsten junger Menschen etwas von der Förderung zurückerstatten, die man selbst einst empfangen hat. Ich habe als Schüler jahrelang eine private Bibliothek benutzen dürfen – da habe ich doch eine Aufgabe.

Oder: In Tübingen gibt es das Leibniz-Kolleg, das wurde 1948 von Männern wie Theodor Heuss, Carlo Schmid und Romain Rolland gegründet. Es dient dem studium generale, soll also jungen Studenten eine solide Grundlage für das wissenschaftliche Arbeiten mitgeben. Das gelingt nach wie vor. Viele Kollegiaten wurden nachhaltig gefördert und profitieren lebenslänglich davon, daß sie das Lernen gelernt und im Kolleg verläßliche Freunde gefunden haben. Der Andrang ist groß. Doch nun ist das alte Haus heruntergekommen, die Universität hat kein Geld mehr dafür, und die laufenden Mittel reichen nicht für eine sparsame Modernisierung. Da genügt eine Spendenaktion nicht. Denn es fällt auch bei gutem Einkommen schwer, den Betrag von tausend, fünftausend oder gar zehntausend Mark aus der laufenden Wirtschaft abzuzweigen. (Übrigens, wie leicht werden solche Beträge bei Autounfällen dann doch verschmerzt!)

Viel sinnvoller ist es, wenn alle, die keine bedürftigen Nachkommen oder Verwandten haben, in ihrem Testament ein ordentliches Vermächtnis ausbringen, das in etwa dem entspricht, was ihnen die Prägung durch diese Einrichtung im Lauf des Lebens wert war. Das kann man zwar nicht in Geld hochrechnen, aber wenn einer sich im Leben als »Leibnitianer« betrachtet hat, ist ein Zehntel vom Erbe nicht so abwegig. Beträge von fünfzig- oder hunderttausend Mark helfen dann auch weiter.

Was ich hier für den Bereich der Bildung dargestellt habe, können Sie gerne selbst auf die Fürsorge für Kranke, Einsame und die vielen hilflosen Personen in unserer Gesellschaft übertragen.

Auch da kommt es immer aufs Konkrete an. Ich würde am ehesten einen örtlichen Träger, in Stuttgart zum Beispiel die Evangelische Gesellschaft oder die Stiftung Zufluchtsstätten (Mutter-Kind-Arbeit) herausgreifen. Mancher möchte auch die Arbeit dort mit Anteilnahme oder Gebet begleiten. Oder ich würde bei Brot für die Welt ein konkretes Projekt der Entwicklungs- und Hungerhilfe auswählen.

VERTEILEN KANN HEILEN

Der alte Herr B. war ohne Nachkommen verstorben. Eine treue griechische Haushälterin hatte ihn versorgt (und zuwenig Dank geerntet!). Die Verwandten hatte er manchmal zur Birnen- oder Nußernte bestellt und ihnen die Früchte aufgedrängt, weil man nichts verkommen läßt. Wenn die Gören den Zwetschgenkuchen der Anastasia verputzten, hatte er das Gefühl, sie hätten ihre Freude dran. Aber ihre Eltern betrachteten es als ein großes Opfer.

Nun waren die Erben in drei Gruppen verfeindet. Aber alle drei Anwälte waren vernünftig (was selten ist), und so fanden wir nach zähem Verhandeln einen Kompromiß, der alle zufriedenstellen konnte. Die Äcker wurden verteilt, die Bankguthaben und Aktien, das andere. Das Wohnhaus am Hang mit seinem blühenden Garten sollte verkauft und der Erlös gedrittelt werden. Am Schluß blieb nur noch ein Zinnkrug, eine »Lägel«. Auf der Alb nahm man vor zweihundert Jahren solche Krüge voll Most mit aufs Feld; die schönsten sind sechs- oder achteckig, dezent verziert und mit Initialen geschmückt. Bei Auktionen zahlt man gerne zweitausend Mark für so ein Stück. (Wir hatten in der Familie auch eine, die ich leider nicht bekam.)

Es war wie in Lessings Ringparabel. Die Lägel war der Streitpunkt. Jede der drei Parteien wollte sie. Ohne sie war nichts zu machen, auch nicht mit einer Aufzahlung. Wir haben verhandelt, haben wieder verhandelt, nochmals, nichts zu machen. An diesem Streitpunkt würde der ganze mühsam ausgehandelte Kompromiß platzen. Es kam so weit, daß die Anwälte überlegten, ob sie beim Zinngießer zwei Dubletten machen lassen sollten, damit endlich Ruhe wäre.

Als ich später das Haus verkaufen mußte, aus dem die Erben alles Brauchbare abgeholt hatten, stand mittendrin ein Viertelkubikmeter der schönsten Dias, Fotos von Bergen und Bergblumen. Ihnen hatte die ganze Liebe des Verstorbenen gegolten. Die Lägel hatten alle gewollt; sie macht sich gut in der Vitrine. Was ihm wichtig war, die Dias, war für sie belanglos. – Damals war ich jung und wollte nicht gierig erscheinen. Heute würde ich sie an mich nehmen wie ein Vermächtnis, und ich wüßte, daß mehr von dem unbekannten Mann bei mir bewahrt ist als bei allen seinen Erben, selbst wenn ich kaum Zeit habe, die Bilder alle anzusehen. Sie erinnern sich: Man erbt zu Bruchteilen. Aber es ist auch wichtig, wem was zugewendet wird. Verteilen heißt heilen, weil das Zuteilen der Dinge an die Nachkommen auch heißt, daß der Scheidende ihnen Zeit und Nachdenken geschenkt hat.

Aus der Erfahrung des Anwalts muß ich sagen: Es geht fast nicht ohne böses Blut, wenn sich die Erben ohne Anleitung durch den Verstorbenen zugleich über die Bewertung der Dinge und ihre Verteilung einigen sollen. Immer möchte der eine lieber dies und der andere jenes.

Nehmen wir den Normalfall der zwei Brüder, die zu gleichen Teilen nach dem letzten Elternteil erben. Einer ist am Ort, sagen wir in Biberach, wohnte vielleicht bei der Mutter; der andere ist weit weg, in Stuttgart oder Berlin. Der Nahe kennt das Häuschen, seine Nachteile auch: Das Dach wird bald fällig, und die Heizung müßte man erneuern. Der Ferne kennt die Quadratmeterpreise der Großstadt und hält's fast für ein Millionenobjekt. So tut es beiden schon weh, wenn die Schätzkommission der Gemeinde den Wert irgendwo in der Mitte festlegt.

Und nun kommen noch die unausgesprochenen Belohnungserwartungen – nein, es sind ja bloß Hoffnungen, aber auch sie können alles verderben. Es soll die Frau des Nahen die Mutter gepflegt haben. Der Ferne ist oft gekommen, hat auch Zeit geopfert, und das war mühsam. Aber das sah der Nahe nicht. Er sah das tägliche Mühen der Schwiegertochter, die Einkäufe, die schwere Pflege zum Schluß.

Der Ferne denkt: dafür wohnen die ja fast geschenkt. Der Nahe sieht das nicht; er meint, moralisch müßte das Häuschen eigentlich ihm zufallen, was hat der andere denn die ganzen Jahre an Nähe, Stützung, Zuwendung beigetragen? Hat der den Garten umgegraben, gekehrt, repariert? Kurz, so menschelet's.

Die Praxis zeigt, wie segensreich sich eine *Teilungsanordnung* auswirkt. Sie mag als gerecht oder weniger gerecht empfunden werden, aber es ist halt so, es herrscht Klarheit, und das vermeidet Streit. (Daß sie jedwedes böse Blut verhindert, behaupte ich nicht; denn das menschliche Herz ist auch im Zorn erfinderisch: Dann heißt es halt, der Alte sei beschwatzt, eingewikkelt worden. Wo der Neid hinblickt, kann selbst der Kaffeebesuch zum unfairen Einschmeicheln werden!)

Trotzdem: Was ich geschrieben habe, das habe ich geschrieben. Es gilt und ist besser als Gutachter und Auseinandersetzungsklagen. Und mehr als den halben Wert können die Nächsten ja wegen der Pflichtteilsregelung sowieso nicht »einbüßen« – wo sie eh keinerlei Anrecht hatten!

Das ist der Aspekt der Befriedung. Daneben ist es auch unwürdig, wenn die Gegenstände, die dem scheidenden Menschen wichtig waren, zwecks einer »gerechten Teilung« versilbert oder unter den gierigen Augen derer, die nicht zu kurz kommen wollen, eilig auseinandergezerrt werden.

Man muß es ja nicht so weit treiben wie meine alte Freundin Mick McDonald, die an ihrem 75. Geburtstag beschloß, künftig an alle Dinge, die ihr wert waren, ein Schildchen mit dem Namen des künftigen Vermächtnisnehmers zu kleben. Und alles, was sie nicht mehr brauchte, verschenkte sie gleich. Sie würde ja auch nie mehr als zwei Gäste zum Essen einladen. So kam es, daß sie zum Achtzigsten zuerst einmal Silber und Geschirr nachkaufen mußte. Jawohl, sie kaufte es, nur für diesen Anlaß, und gleich darauf schenkte sie es einer jungen Braut, damit die von Anfang an ein Gespür für Qualität und guten Geschmack mitbekam.

Verteilen heißt, daß der Scheidende einer bestimmten Person einen Gegenstand als sein Andenken zugedacht hat. So etwas sollte ausdrücklich geschehen: Bedenken Sie, daß es manches Kind schmerzt, wenn etwas, das ihm dreißig oder vierzig Jahre vor Augen stand, plötzlich beim Geschwister auftaucht – die Mutter habe es mitgegeben. Nicht das Mißtrauen nähren, man habe sich etwas abschwatzen lassen, sondern die eigene Entscheidung deutlich machen!

Und dann sind da die vielen Freunde, denen eigentlich ein Erinnerungsstück eine Beglückung wäre, die man aber als Erben nicht in Betracht zieht! – Da gibt es Leute, denen könnte man Bücher vermachen, auch vielleicht die ganze philosophische oder die Schach-Bibliothek, den alten Fotoapparat oder ein Kunstwerk. Oder die wunderbare Schale, die man seinerzeit beim gemeinsamen Besuch in Assisi oder in Soulatgé in den Pyrenäen erstanden hat. Das Musikinstrument für ein junges Mädchen, mit dem man ein paarmal musiziert hat.

Aber es muß natürlich nicht alles verstreut werden. Hier kommt beides zusammen: Ein Freund in Schottland hatte eine Geige vom Großvater geerbt. Er selbst spielte Orgel und Klavier, so gab er sie mir zum Spielen, und ich entdeckte das Schild »Francesco Guarneri« darin. Später zeigte ich sie dem Geigenexperten Adrian Bear in London und hoffte ein bißchen, daß sie unecht wäre und ich sie günstig abkaufen könnte, denn ich hatte das Instrument lieb gewonnen. Sie war wahrscheinlich unecht, aber nicht absolut sicher, und so ließ ich sie meinem Freund. Heute ist seine Tochter eine berühmte Geigerin. Vielleicht, weil das anspruchsvolle Instrument eben im Haus war. Es ist übrigens unecht, heute wissen wir's.

Adrian Bear ließ mich ein echtes Stradivari-Cello streicheln und erzählte seine Geschichte: Eines Tages kam ein sehr alter Mann, er kannte ihn nicht und hatte auch nachher nur eine Vermutung. Der gab ihm das wunderbare Instrument, einfach so, und sagte, er solle es dem jungen Künstler schenken, der zu den schönsten Hoffnungen berechtige. So kam Jacqueline du Pré zu ihrem Instrument; sie wurde eine große Künstlerin und spielte es bis zu ihrem frühen Tod.

Mir selbst ist so etwas als jungem Menschen passiert. In unserer kleinen Stadt gab es eine philosophische Studiengesellschaft, da durfte ich als Sechzehnjähriger mit gespitzten Ohren hinten sitzen und den klugen Köpfen zuhören. Dann starb der alte Schulrat. Ich war mir nicht sicher, ob er mich je registriert hatte. Als aber die Postkarte kam und mir seine Frau ein ganzes Bücherpaket überreichte, das er ein paar Tage vor seinem Tod sorgsam für mich hergerichtet hatte, da war ich außer mir vor Glück.

Und außer mir vor Zorn war ich, als ich lesen mußte, daß die Bibliothek eines meiner wichtigsten akademischen Lehrer wenige Wochen nach seinem Tod im Antiquariat verramscht wurde.

Bei meinem Abschied von der St. Giles' Cathedral, an der ich zwei Jahre Pfarrdienst geleistet habe, bekam ich ein schönes altes Buch über die neunhundertjährige Baugeschichte der Kathedrale geschenkt. Es gibt nur wenige Stücke davon. In meinem Testament steht: Wenn ich einmal tot bin, soll es mein Sohn nehmen und in die Kirche zurückbringen. Das wird für ihn kein

Verzicht sein, sondern ein Gewinn; denn das Buch ist dann hier nicht mehr nötig – und er wird es dort gegen lebendige Erinnerungen eintauschen.

Solches Verteilen ist nicht nur gut gegen den Zwist der Erben und für das Andenken der Freunde. Es ist vor allem auch gut für den, der sein Ende bedenkt. So kann man sich auf sorgende, unpathetische, ja oft humorvolle und manchmal schalkhafte Weise mit der Tatsache befreunden, daß wir sterben müssen.

Wir sind ja alle große Illusionskünstler, wenn es ans Verdrängen geht. Trotzdem mag es ein nützlicher Gedanke sein, daß dieser und jener seinen Abschied mit einem persönlichen Geschenk, einem Erinnerungsstück, vielleicht auch mit einer Zuwendung, die ihm spürbar hilft, verbinden kann. Also:

– Man kann unter den Erben (zusätzlich zur Einsetzung auf die Bruchteilsquoten) eine Teilungsanordnung treffen: wer bekommt was;

– man kann einzelnen, vielleicht auch allen, individuelle Vorausvermächtnisse (also Zuwendungen, die nicht auf den Erbteil angerechnet werden) und Vermächtnisse zuwenden;

– und man kann sonstigen Personen beliebige Vermächtnisse aussetzen, ohne daß diese dadurch zu Erben werden.

VATER STAAT HÄLT DIE HAND AUF

Tu nicht so, sagt mein Leser, als ob das Erben die reine Beglückung wäre. Wir wissen's doch besser. Die ganze Erberei nimmt immer wieder ein tragisches Ende. – O, lieber Leser, wie hast du recht! Der Mensch ist oft nicht seines Glückes, sondern seines Unglücks Schmied. Denk nur mit mir an meinen Bekannten H. Kaum 50 Jahre war er, Inhaber eines gutgehenden Geschäftes in Haushaltswaren. Er wollte alles gut machen. Er war verheiratet und hatte zwei Söhne, und vorausschauend, wie er war, wollte er Erbschaftssteuer sparen. So jedenfalls riet ihm sein Steuerberater. Also überschrieb er sein Haus, zwei Wohnungen und den Laden darin, auf die Söhne, die damals zwei oder drei Jahre alt waren. – Kommt Zeit, kommt Übermut. Jedenfalls war Fasching, die Frau in den Armen eines anderen, heiße Vorwürfe und flugs die Scheidung eingereicht. Wie zu erwarten, bekam sie das Sorgerecht, mittelbar also das Eigentum, und schikanierte ihren »Ex«. Der Mann verlor die Wohnung; das Geschäft wurde hinausgekündigt und schließlich mit Verlust liquidiert. Das Vermögen ist heute zerronnen, und der Mann lebt von der Sozialhilfe.

So gibt es Gestaltungen, die zwar Steuern sparen würden, aber nicht sinnvoll sind. Ich rate meinen Mandanten grundsätzlich, sich so zu verhalten, daß sie gar nicht zu fragen brauchen, ob die Angehörigen gutwillig sind oder bleiben.

Das ändert nichts daran, daß man die erbschaftssteuerlichen Folgen im Auge behalten soll. Übrigens, dies zur Klarstellung vorweg: Die Erbschaftssteuer umfaßt auch Schenkungen unter Lebenden. Wenn also die Eltern ihren Kindern etwas zuwenden, was die Freibeträge überschreitet, muß dies gemeldet und versteuert werden. Und dann gilt die wichtige 10-Jahres-Frist. Erst danach bleibt die schenkweise Zuwendung für die Erbschaftssteuer außer Ansatz und können Freibeträge und Progression noch einmal ausgenützt werden.

Zunächst einmal zur Höhe der Steuersätze: Das Gesetz bildet vier Klassen von Erben oder Beschenkten, je nach verwandtschaftlicher Nähe:

1. Klasse: Ehegatten, Kinder, Stiefkinder und Kinder verstorbener Kinder;

2. Klasse: sonstige Enkel, Urenkel, Eltern und Voreltern im Erbfall;

3. Klasse: Eltern und Großeltern bei Schenkung unter Lebenden, Brüder und Schwestern, Neffen und Nichten sowie geschiedene Ehegatten;

4. Klasse: Alle übrigen.

Die nächsten Angehörigen genießen jedoch nicht unbeträchtliche Freibeträge.

Für den Ehegatten gilt ein Grundfreibetrag von DM 250000,–. Hinzu kommt der sogenannte Versorgungsfreibetrag, welcher ebenfalls bis zu DM 250000,– betragen kann; er vermindert sich, wenn der Betreffende Versorgungsbezüge erhält, für welche er keine Erbschaftssteuer zahlen muß. In diesem Fall wird für das Bezugsrecht ein Kapitalwert errechnet und vom Versorgungsfreibetrag abgezogen.

Beim Ehegatten ist weiter zu beachten, daß mit dem Erbfall auch – pauschal oder konkret – der Zugewinn ausgeglichen wird. Beim Zugewinn handelt es sich aber um Mittel, die dem Betreffenden schon zustehen. Also ist der Ausgleich des Zugewinns grundsätzlich nicht steuerpflichtig. Etwas komplizierter wird's, wenn Grundbesitz und Betriebsvermögen beteiligt sind, weil deren erbschaftssteuerliche Bewertung niedriger liegt als der Verkehrswert.

Der Freibetrag für die sonstigen Personen der Klasse I beträgt DM 90000,–, bei Klasse II DM 50000,–, bei der Klasse III DM 10000,– und bei Klasse IV DM 3000,– (§ 16 Abs. 1 ErbStG). Dazu kommt bei Kindern ein besonderer Versorgungsfreibetrag, der nach dem Lebensalter gestaffelt wurde: bis fünf Jahre DM 50000,–, bis zehn Jahre DM 40000,–, bis 15 Jahre DM 30000,–, bis 20 Jahre DM 20000,–, bis 27 Jahre DM 10000,–.

Nur was über den Freibeträgen liegt, ist nach der Tabelle zu versteuern. Hier sind wieder die Steuersätze nach der Höhe des Erwerbs (§ 10 ErbStG) gestaffelt. Wir nennen hier nur Beispielzahlen: in Steuerklasse I beträgt der Steuersatz bis DM 50000,– drei Prozent, bis DM 100000,– vier Prozent, bei DM 500000,– ist er auf 7,5 Prozent angestiegen, und bei 10 Millionen beträgt er 18 Prozent. In der Steuerklasse II sind die Sätze etwa doppelt so hoch, in den Klassen III und IV beginnt der Steuersatz mit 11 bzw. 20 Prozent und erreicht bei DM 500000,– die Werte 24,5 und 38 Prozent.

Als Bereicherung des (steuerpflichtigen) Empfängers wird nicht alles zum Verkehrswert berücksichtigt. Beim Grundbesitz gilt nicht der Verkehrswert, sondern der Einheitswert mal 1,4. Das ist im Durchschnitt etwa ein Siebtel des Verkehrswertes. Wer ein Grundstück bekommt, ist also gegenüber dem Empfänger von Geld erheblich im Vorteil. Der Erblasser sollte diese Ungleichheit bei der Besteuerung beachten. – Es ist aber nicht auszuschließen, daß dieses Privileg demnächst wegfällt.

TESTAMENTS-VOLLSTRECKER, UNTERNEHMENS-NACHFOLGE

Wenn Unternehmen, Beteiligungen, Nutzungsrechte oder ähnliches zum Nachlaß gehören, kann eine Testamentsvollstreckung in Betracht kommen, insbesondere bei unkundigen oder besonders schutzbedürftigen Erben.

Der Testamentsvollstrecker soll sachkundig und vertrauenswürdig sein und ist mit einem Bevollmächtigten oder Treuhänder zu vergleichen. Wie bei der Treuhand unterscheiden wir Abwicklungsvollstreckung und Dauervollstrekkung (§ 2209, bis 30 Jahre, § 2210!).

Zu unterscheiden ist die Anordnung der Vollstreckung von der Bestimmung der Person – diese kann auch einem Dritten (Nachlaßgericht, Industrie- und Handelskammer, Freunde) überlassen werden.

Wenn es nicht um ganz einfache Abwicklungen geht (»Herr N., hilfsweise ein vom Vorstand der philatelistischen Gesellschaft bestimmtes Mitglied wird als TV eingesetzt; seine Aufgabe ist nur, meine Markensammlungen bestens zu versilbern und den Erlös als Festgeld zugunsten meiner Tochter T. anzulegen.«), sollte man eine

Testamentsvollstreckung nicht übereilt anordnen und sich vorher gut beraten lassen.

Genauere Einzelheiten würden hier zu weit führen. Doch warne ich vor einem Mißbrauch, wie er im schwäbischen Mittelstand (und sicher nicht nur dort) leider vorkommt. Da läßt sich der dickköpfige Senior von Notar oder Berater beschwatzen und setzt den auf Dauer zum Vollstrecker ein, nur weil er dem eigenen Fleisch und Blut nichts zutraut. Bloß weil der Berater eine fette Pfründe nicht auslassen will, werden gestandene Männer und Frauen durch alte Greise bevormundet. So nicht!

Sinnvoll ist eine Vollstreckung, wenn wichtige Erben nicht zu erreichen sind oder erst ermittelt werden müssen (uneheliche Kinder zum Beispiel), schwierige Prozesse über das Erbrecht oder den Bestand des Nachlasses zu erwarten sind oder andere Abwicklungen so kompliziert sind, daß der Erbe sie auch mit Hilfe des Anwalts oder anderer Berater nicht gut lösen kann.

Die erbrechtliche Behandlung und die Sicherung des Bestands von gewerblichen oder freiberuflichen Unternehmen ist komplex und verlangt nach einer Lösung für den Einzelfall. Es genügt hier, wenn der Leser, zu dessen Nachlaß eine Praxis, ein Unternehmen oder eine Beteiligung gehört, das Problem erkennt.

NICHT BLOSS ANS VERMÖGEN DENKEN!

Wir haben jetzt so viel darüber nachgedacht, was mit dem Geld und den weltlichen Gütern geschehen soll. Darüber sollte man nicht ganz vergessen, daß das Wichtigste auf einer anderen Ebene liegt. Wenn wir schließlich daran gehen, die Güter zuzuordnen, ist das, was man seinen Kindern an Gaben mitgeben oder schuldig bleiben kann, im wesentlichen schon gelaufen.

Doch muß man diese immaterielle Dimension auch beim Testamentschreiben nicht aus dem Auge verlieren. Man erledigt das ja in ruhigen Stunden, und da verbindet sich mit der Vorschau auf das, was einmal sein wird, wenn wir nicht mehr da sind, die Rückschau auf das, was uns im Leben geprägt hat. Was war uns wichtig? Woraus haben wir im Inneren gelebt? Die Güter, die wir weitergeben können, sind ja auch Zeugnisse dafür, daß wir schon von unseren Eltern und Altvordern dies und das mitbekommen haben. Und das nicht nur, wenn überhaupt, an äußerem Vermögen.

Noch wichtiger war, was uns an Erziehung, an Beispielen, an Lebensorientierung und vielleicht Glaubensfestigkeit mitgegeben und bezeugt wurde. An der Geduld und Gelassenheit meines Vaters konnte ich ein Stück eigener Unaufgeregtheit bilden; auch hat er mir schon in ganz frühen Jahren beigebracht, wie man einen Körper als dreidimensionale Wirklichkeit erfaßt, und dann gezeigt, wie man einen Nagel sauber einschlägt, den Stechbeitel benutzt, eine Linie zieht und einen Baum ordentlich schneidet, zum Beispiel. Die Mutter gab Sprache, Phantasie, Geschichten. Erst das so geschulte Erleben bringt Fülle des Lebens hervor und formt die konkreten Erinnerungen.

Wenn wir fragen, was wir unseren Nächsten weiterzugeben haben, dann sollten wir diese Momente nicht vergessen. Vieles lief ja unbewußt, vieles ist bloß noch Erinnerung.

Aber wer etwas wie das Folgende nicht erlebt hat, wird kaum glauben, welche Beglückung es im Moment des Verlustes ist: Die alte Mutter hat mit fast 90 Jahren das Zeitliche gesegnet, und du findest in ihren Papieren einen an dich gerichteten Brief, in dem sie vor dem Tod noch das aufgeschrieben hat, was ihr als Orientierung im Leben und Glauben wichtig war. Ein Credo sozusagen. Das war eine einfache Frau, und die Worte waren kunstlos geschrieben. Aber da steht eine ganze Welt, bezeugt durch ein Leben. Wenn man deprimiert wäre, würde einen das ansprechen und aufrichten.

Nicht jedem von uns fällt es leicht, so ein persönliches Vermächtnis zu hinterlassen. Und doch sammeln sich in jedem Leben Dinge, welche den Späteren, wenn man sie ihnen erschließt, mehr bedeuten können als ein paar Mark hin oder her.

Der Patenonkel vieler Neffen und Nichten starb. Er wurde beerdigt; heute war Termin vor dem Nachlaßgericht. Jetzt sind sie in der Wohnung. Die Haushälterin durfte schon an Geschirr und Wäsche nehmen, was sie brauchte. Nun stehen sie herum, und irgendwo liegt auch sein Tagebuch, in das er über Jahre hinweg sorgsam seine Einträge geschrieben hat. Es ist ein Zufall, ob und wer das gerade an sich nimmt. – Wie anders wäre das, wenn er es einem als sein Erinnerungsstück persönlich gewidmet hätte. Dieser oder diese würde es nun ganz anders lesen, er oder sie würde dem Denken und Reflektieren vielleicht nachspüren und all diesen Besinnungen des Onkels im eigenen Weltbild einen Ort einräumen. – So liegt es da, verwaist, bedeutungslos, demnächst vergessen und bald auch auf einem Speicher.

Übersehen wir nicht, was in Fotoalben und Briefen steckt. Was Porträts, Bilder repräsentieren! – *Sich mit einer Geschichte identifizieren*, das ist es!

Wissen Sie, was der anstrengendste Tag meines Lebens war? Nach dem Tod der Mutter mußte ich mit meinem Bruder zusammen den Haushalt auflösen. Wir setzten uns – nur wir zwei – einen ganzen Tag hin und blätterten miteinander die Familienpapiere durch, betrachteten die alten Fotos, fragten, wer den Anlaß noch wußte, die Personen kannte oder erriet. Und natürlich stand dahinter die Frage, wer was bekommt. Das war keine materielle Frage, es war vorher abgesprochen, nach welchen Regeln wir die Papiere und Bilder verteilen wollten. Und trotzdem war es ein Kampf. – Es war ein Kampf darüber, wem von uns beiden diese oder jene Erinnerung mehr gehört, welcher dieses Erbe authentischer davonträgt. Daß mein Bruder als der ältere jetzt die meisten Briefe hat, ist in Ordnung. Aber es ging darum: Wer besteht vor dem, was in dieser Familie an Geschichten, an Erfahrung, an Anekdoten, Skurrilitäten und Weltläufigkeiten sedimentiert ist?

Denken Sie auch an die Würde der Dinge, die eigentlich keine typischen Erinnerungsstücke sind. Manchem Ding muß man seine Aura – ich nehme gerne den Begriff aus Walter Benjamins Kunsttheorie – aufschließen, damit es etwas Besonderes wird.

Da liegt ein Reisesack. Er ist nicht mehr schön, das Leder der Griffe ist schon etwas brüchig, aber sonst ist er noch gut. Kein Erbe wüßte von sich aus, daß dieser Sack einmal einem wichtigen Mann gehört hat. – Oder diese Zigarettenspitze aus Bernstein, sie würde vielleicht beim Trödler landen. Man sieht ihr nicht an, daß sie ursprünglich dem Fürsten Dimitri gehört hat, der mit Jussupow zusammen Rasputin erschoß und dann dieses Stück zum Dank derjenigen übergab, die ihn in der Nacht verborgen hatte. – Ich bin überzeugt, daß in vielen Nachlässen Dinge unbeachtet zugrunde gehen, die uns eigentlich einen Ort schenken könnten und ein Fenster dahin öffnen, wo wir hergekommen sind.

Und die dadurch die Nachkommen ein bißchen von dem dumpfen Druck erleichtern, nichts als sie selbst sein zu müssen.

Denken Sie vielleicht daran: Ein Vermächtnis muß nicht nur in Geld oder Geldwerten bestehen.

MEIN LIEBLINGSCHORAL – ANORDNUNGEN FÜR DIE BESTATTUNG

Dieses Leben war nicht alles. An meinem Grab wird von der Neuen Welt gepredigt, Offenbarung 21, und mit Karl Barth gebetet. Hoffe ich. Und dann sollen sie Jerusalem singen, und sei es mit wenigen brüchigen Stimmchen. Das haben wir im Tübinger Stift in den Grüften gesungen, und in Schottland hat es mir George Wilson zum Abschied vom Pfarramt auf die Melodie des Deutschlandlieds singen lassen. Da jubelt eine so maßlose Hoffnung heraus, wie sie vielleicht nur ein schwäbischer Pietist verantworten kann, und der himmlische Vater muß sich beinahe anstrengen, um ihr gerecht zu werden. Und so wird noch einmal die Frage gestellt, deretwegen der Origenes und der Friedrich Christoph Oetinger und der Karl Barth und meine Wenigkeit als Häretiker gelten, nämlich ob irgend etwas zu gering dafür ist, daß Gott es bewahrt und erlöst: die Frage nach der Wiederbringung aller Dinge. Nichts ist so klein, Gott ist noch kleiner. Und nichts ist so groß, Gott ist noch größer. Amen.

Suse K. war eine wunderbare Frau, klug, praktisch, humorvoll und voll einfühlsamem Mit- und Vorausdenken für die anderen. Alle mochten sie. Das kräftige Lachen ihrer Altstimme wirkte ansteckend. Sie war auch eine Stütze der Gemeinde und eine anspruchsvolle Predigthörerin mit starken Überzeugungen. Als sie starb, wußte jeder, daß sie ihren Beerdigungsgottesdienst sorgsam vorbedacht hatte. Sie hatte den Predigttext bestimmt, die Lieder und die Musik. Wir alle wußten es, aber nichts davon war aufzufinden. Nicht in der Wohnung, der Dokumentenkassette, nicht in der Bibel, nicht im Gesangbuch, nirgends. So wählte die Pfarrerin Texte und Lieder, wohl wissend, daß Suse K. sich vielleicht anderes gewünscht hätte.

Später löste sich das Rätsel: Ihr war das so wichtig gewesen, daß sie es ins Testament hineingeschrieben hatte. Aber das wurde erst sechs Wochen später vor dem Nachlaßgericht eröffnet.

Merke: Man sollte sich Gedanken über seinen letzten Gottesdienst machen. Und man sollte Vorsorge treffen, daß die Aufschriebe aufzufinden sind, wenn sie gebraucht werden.

Wir leben ja in einer Welt des Schriftlichen, und mit dem Vorübereilen der Personen ist auf mündliche Absprachen nur selten Verlaß.

Trotzdem sind die Geistlichen dankbar, wenn ein alter Mensch sich auch einmal getraut, offen über seine Bestattung zu sprechen. Versetzen Sie sich in Ihren Pfarrer: Normalerweise weiß er doch von einem Gemeindeglied, selbst wenn er es öfter besucht hat, nur wenig über das Leben und das Persönliche. Nun ist er angewiesen auf das, was mehr oder weniger nahe, mehr oder weniger gutwillige, mehr oder weniger gut informierte Angehörige über den Verstorbenen mitteilen.

Wenn wir akzeptieren, daß die Bestatttung auch Gelegenheit geben soll, für das zu danken, was sich in diesem konkreten Leben alles ereignet hat, dann sollte man das erst einmal wissen. Höchst hilfreich ist hier schon ein schlichter *Lebenslauf*, in dem der Verstorbene einige ihm wichtige Dinge mitteilt: Vielleicht nicht nur die äußeren Daten, sondern auch ein paar Worte über einen Einschnitt, eine berufliche Wende, eine gesundheitliche Krise oder Bewahrung, eine Bemerkung darüber, wo man besonders glücklich war, geprägt wurde, wichtige Eindrücke in seinem Leben empfangen hat.

Es ist gut, wenn man das mit dem Pfarrer persönlich besprechen kann. Meine Frau als Pfarrerin und viele andere bestätigen, daß diese Gespräche, bei denen man gemeinsam überlegt, welcher Predigttext der richtige ist, welche Lieder, und was sonst an Musik, an Worten zu hören sein soll, überhaupt nichts Bedrückendes an sich haben. Es ist nämlich so: Selbst bei einem schweren Leben fällt der Dank für das, was gut war, leicht. Und dieses Gespräch mit dem Pfarrer ist der Anfang des Dankgottesdienstes, den die übrigen dann über dem Sarg feiern sollen. Der Dank an den Geber aller guten Gaben tröstet auch.

Den Lebenslauf kann man auch aufschreiben und in der Bibel oder einer Mappe bereitlegen. Am besten ist eine *Dokumentenmappe.* Da hinein gehört auch ein Blatt mit den Anordnungen für den Gottesdienst und für die äußere Form der Bestattung. Und weitere Urkunden.

Noch eins: Seit die Leute nicht mehr in die bürgerliche und kirchliche Gemeinde eingebunden sind, greift die »stille Beerdigung« um sich. Lesen Sie, und lassen Sie das!

Wenn das der alte Mensch selbst wünscht, kann ich es zwar nicht unterstützen, aber zur Not verstehen. Im Alter zieht man sich in sich zurück. Die Väter der Bibel »starben alt und lebenssatt«; sie hatten genug. Oder es machen Krankheit und Schwäche, Schmerz und Überdruß einfach müde. Wenn die Kräfte ermatten, flüchtet sich das schwächer werdende Bewußtsein ins Vergessen und das Desinteresse. – Wie oft erleben wir, daß ein alter Mensch eine Frage stellt, vielleicht weil's den Kindern wichtig ist oder die Höflichkeit gebietet, aber er hat die

Frage gleich danach vergessen. Das muß nicht immer eine Folge der Alzheimerschen Krankheit sein; vielleicht hat man sich einfach schon aus dieser Lebenssphäre verabschiedet. So mag es zu dieser Haltung des alten Elefanten kommen, der sich von der Herde absondert.

Aber Freundschaften und Verwandtschaft sind nicht einseitig. Wir gehören zueinander, und wer das verleugnet, der täuscht sich. Wir leben doch im ständigen Austausch in und außerhalb der Familie, mit Kollegen, mit Gleichgesinnten, mit Nachbarn, mit Leuten, an denen wir ein Interesse haben und umgekehrt. Zur Beerdigung einer Tante war die Pensionswirtin, bei der die Verstorbene viele Jahre lang ihren Herbsturlaub verbracht hatte, aus Kärnten hergereist, und wir erfuhren, daß diese kurzen Wochen für die beiden Frauen immer etwas ganz Wichtiges gewesen waren. (So etwas geht übrigens nur, wenn jemand die Telefonnummer kennt und rechtzeitig anruft.)

Daß der Tod eine Lücke in unsere Beziehungen reißt, ist schlimm genug. Um so wichtiger ist, daß diese Beziehungen nicht einfach abbrechen und der Tote im Winkel verscharrt wird, sondern daß die Nächsten Gelegenheit bekommen, die Trennung zu bedenken und in würdiger Form Abschied zu nehmen.

Die Anthropologen sprechen von Passage-

Riten. Sie haben immer gewußt, daß an die entscheidenden Stellen des Lebens eine Feier hingehört, in der sich Sammlung, Gedenken, Besinnung, Liturgie und Gesang in einem Ritual verbinden. Das ist so bei der Taufe, beim Übertritt ins Erwachsenenleben, bei der Eheschließung. Und es soll auch so sein am Lebensende. (Übrigens bin ich sicher, daß wir bald auch den Übergang in das Dritte Lebensalter, den Ruhestand, mit einer Feier begehen werden. In der Frauenbewegung gibt es schon Ansätze dazu.)

Die Angehörigen sind erst recht nicht befugt, die Beerdigung im »engsten Familienkreis« abzuschotten. Das gibt sich als Bescheidenheit und ist doch oft das Gegenteil. Ich will nicht gehässig werden. Aber war wirklich keine Eifersucht dabei, weil der Tote von so vielen geliebt wurde? – Oder eine uneingestandene Rivalität zwischen den Familien von Ehemann und Ehefrau? – Oder will man ihn, der sich immer in der Familie und Gesellschaft verströmt hatte, endlich ganz für sich allein haben, hilflos, ganz beschützt? (Die Pietà drückt etwas davon aus: der Tote ist wieder wie ein Säugling.) Daß er auch draußen gegeben und genommen hat, andere Menschen für ihn wichtig waren und er ihnen: all das möchte man ausblenden.

Die christliche Gemeinde weiß, daß sie auch

und gerade am Grab als Gemeinde berufen ist, für dieses Leben gemeinsam zu danken, gemeinsam seine Rechtfertigung zu bezeugen, gemeinsam ihre Hoffnung auszusprechen und die Trauernden zu trösten. Das ist ein öffentlicher Akt und soll keine Winkelmesse sein. Die Angehörigen haben nicht das Recht, den Verstorbenen in falsch verstandener Bescheidenheit der Gemeinde vorzuenthalten.

Zurück zum Praktischen: In die Dokumentenmappe gehören noch weitere Unterlagen, die den Angehörigen zur Hand sein sollten:

Zum Personenstand: *Geburts-* und *Heiratsurkunde* und *Familienstammbuch,* gegebenenfalls Scheidungsurteil, Adoptionsbeschluß usw.

Wo kann man die nächsten *Angehörigen* telefonisch oder schriftlich erreichen? Ist die Liste auch vollständig, sind zum Beispiel auch uneheliche Kinder oder Adoptivkinder, engste Freunde usw. zu erreichen?

Überaus nützlich ist eine möglichst vollständige *Liste der Personen,* die man beim Todesfall verständigen sollte. Das sind die Verwandten; man sollte auch Freunde, Bekannte, Kollegen, Studien- oder Bergkameraden usw. nicht vergessen. Damit sie den Termin der Beerdigung früh genug erfahren, sollten von den Auswärtigen die Telefonnummern verzeichnet sein. Viele Freunde, oft die wichtigsten, lesen nicht die örtliche Tageszeitung. Ihnen wird ein Stück vom eigenen Leben genommen, wenn sie zufällig hinterher, quasi um den Abschied geprellt, vom Tod der nahestehenden Person hören, mit der sie vielleicht über Jahrzehnte verbunden waren und Briefe und Besuche ausgetauscht haben.

Rechtzeitig die Dinge zusammenzutragen erspart viel Hektik, Herumstöberei und auch unwürdige Pannen. Wie oft kommt es vor, daß Ehegatten kurz hintereinander versterben und alles, was sorgsam bedacht war, vergessen ist! – Es wäre zum Beispiel nicht das erstemal, daß jemand jahre-, jahrzehntelang die *Grabstätte* seiner Eltern erhalten hat, in die er selbst gebettet werden wollte; aber als der Todesfall eintrat, wußte keiner Bescheid.

Dann sollten die *Versicherungspolicen* von Lebens-, Kranken-und Sozialversicherungen greifbar sein. Wenn eine Pension oder Versorgungsrente bezogen wird, sollte irgendein Schriftstück die Adresse und Kennummer des Versorgungsamtes enthalten, gegebenenfalls auch der Betriebsrentenstelle. Nicht alle Betriebe vergessen ihre früheren Mitarbeiter; häufig kommt eine Delegation zur Bestattung.

Auch sollte man zum Beispiel eine Weisung hinterlassen, wenn eventuell *Spenden* für eine gemeinnützige Einrichtung erbeten werden und auf Blumen- und Kranzspenden verzichtet wird. – Und wenn man schon in dieser Mappe alles sammelt, was nach dem Tod relevant ist, kann man dort auch sonstige Angaben, die kurzfristig für die Erben wichtig werden, zusammentragen. Man muß es ja nicht dem Zufall überlassen, daß die Erben eine Urkunde finden, aus der hervorgeht, wem der Erblasser Geld geliehen hat, wo seine Bankkonten sind und was sonst zum Erbfall wichtig zu wissen ist.

Besonders bedeutsam ist natürlich, daß man überhaupt weiß, wo das *Testament* hinterlegt ist: also gehört der Hinterlegungsschein hinein.

Und dann hat vielleicht die alte Dame kurz vor ihrem Tod ein nettes Sümmchen, sagen wir zehntausend Mark, ihrer liebsten Enkelin gegeben, damit sich diese für die neue Arbeitsstelle ein kleines Auto kaufen konnte, auf dessen Rückklappe jetzt der nette Aufkleber »sponsored by Oma« prangt. Es wäre hilfreich, wenn ein Blatt Papier klarstellt, ob das als Schenkung vorweg gemeint war oder später auf das Erbe *angerechnet* werden soll.

Und dann muß man aus seinem Herzen keine Mördergrube machen und darf auch denen, die es nachher angeht, sagen, daß es diese Dokumentenmappe gibt. Da ältere Menschen manchmal mißtrauisch sind, können sie ja die Teile, die nicht für fremde Augen bestimmt sind, wie zum

Beispiel eine Fotokopie des Testaments, im verschlossenen Umschlag einlegen.

Wenn Sie alle Anordnungen für den Todesfall getroffen haben, sollten Sie vielleicht auch noch zwei Dinge für die Zeit davor erwägen, nämlich ob Sie eine *Betreuungsverfügung* oder ein *Patiententestament* griffbereit halten wollen.

Wenn Sie es erleben, werden die meisten von uns, wie der Schwabe sagt, »wickelig«. Die geistigen Kräfte lassen nach, und wir wissen manchmal nicht, was wir tun. Früher gab es dafür die Entmündigung und, wenn das nicht nötig war, die Anordnung einer Gebrechlichkeitspflegschaft. Das ist neuerdings durch die freundlicheren Regeln des »Betreuungsgesetzes« anders geworden. Durch dieses ist die Selbstbestimmung des gebrechlichen alten Menschen wesentlich besser geschützt.

Die Anordnung einer Betreuung ist unnötig, wenn der Betreffende, solange er noch einsichtsfähig war, eine *Altersvorsorge-Vollmacht* erteilt hat. In dieser Vollmacht kann man festlegen, was geschehen soll, wenn man selber nicht mehr in der Lage ist, die nötigen rechtlichen Handlungen vorzunehmen. Man kann (natürlich nach Rücksprache mit dem Betreffenden) festlegen, wer die Hilfe ausüben soll, welche Arten der Betreuung, eventuell auch der Unterbringung und

Pflege gewünscht werden, und welche Befugnisse der Bevollmächtigte haben soll. Wenn dies eine wirksame Hilfe garantiert, ist eine Betreuungsanordnung durch das Gericht unnötig.

Man kann jedoch auch durch eine *Betreuungsverfügung* (§ 1901 II BGB), die nichts anderes ist als eine Art Alterstestament, bestimmte Anordnungen treffen, an die sich das Vormundschaftsgericht halten muß. Man kann dort den Betreuer festlegen, Regelungen treffen bezüglich einer eventuellen Unterbringung, der Wohnung usw., und auch darüber, welche medizinischen Behandlungen zugelassen werden und welche nicht. Anders als ein Testament kann die Betreuungsverfügung in beliebiger Form errichtet werden. Wer immer sie in die Hand bekommt, muß sie dem Vormundschaftsgericht übermitteln.

Ein eigenes Kapitel ist die Frage, welche medizinischen Maßnahmen der Lebenserhaltung und, im äußersten Fall, der Wiederbelebung vorgenommen werden sollen. Dies zu regeln, gibt es das *Patiententestament.* Es hat natürlich nur dann Sinn, wenn die Angehörigen wissen, wo es sich befindet, so daß es im Bedarfsfall dem behandelnden Arzt übermittelt werden kann.

Das Patiententestament enthält Angaben zur Person, über Anamnese (Vorerkrankungen, Allergien usw.) und die Namen der entscheidungsbefugten Angehörigen. Dann folgen die Angaben über die gewünschten Behandlungsmaßnahmen:

– Ob, falls der Patient unumkehrbar bewußtlos und sein Gehirn wahrscheinlich schwer geschädigt ist, oder wenn lebenswichtige Funktionen auf Dauer ausgefallen sind, eine *Intensivtherapie* unterbleiben soll;

– ob bei tödlicher Erkrankung und großen Schmerzen die *Lebensverlängerung unterlassen* und die Therapie beendet werden soll, sofern kein menschenwürdiges Dasein mehr möglich wird;

– ob der Arzt in diesen Fällen *schmerzlindernde Maßnahmen* auch dann ergreifen darf, wenn sie den Todeskampf abkürzen;

– ob der Verfügende nach dem klinischen Tod mit einer *Organspende* einverstanden ist.

Vorgedruckte Formulare sind über Ärzte und Krankenhäuser, von der AOK und der Ärztekammer zu bekommen.

EXKURS: ERDBESTATTUNG ODER FEUERBESTATTUNG

Viele Menschen haben ihre Mühe mit der Frage, ob eine Erd- oder eine Feuerbestattung stattfinden soll. Wenn da nur nicht so viel unterschwellige Motive und Vorurteile im Spiel wären!

Vorausschicken möchte ich: Das ist keine Glaubensfrage. Die Art und Qualität des ewigen Lebens hängt allein von Gottes Gnade ab und nicht davon, wie wir unsere sterblichen Überreste zur Ruhe bringen. Angesichts der schrecklichen Todesarten, die es gibt, mag manchen das Wort Hiobs trösten: »Nachdem diese meine Haut zerschlagen ist, werde ich ohne mein Fleisch Gott sehen« (19,26).

Es geht bei der Art der Bestattung darum, wie wir uns selbst im Kreis unserer Nächsten verstehen, definieren und erfahrbar machen wollen.

Für die Feuerbestattung werden, soweit ich sehe, im wesentlichen drei Argumente ins Feld geführt. Das erste hebt darauf ab, daß ein Leichnam, der in der Erde bestattet ist, auch dem Zugriff des dort vorhandenen Lebens ausgesetzt ist. Es soll ja auch so sein. Wir bestatten unsere Toten in Särgen. Irgendwann wird der Sarg zusammenbrechen, und das Fleisch wird tatsächlich zu Staub, zu Erde werden. Wurzeln, Bakterien, Kleinlebewesen werden ihr Werk tun, bis außer den Knochen nichts mehr zu erkennen ist. Mancher sagt, diese Vorstellung sei ihm unerträglich. Viel davon ist Illusion.

Der menschliche Leichnam ist, so sagen alle Leute, die damit beruflich zu tun haben, nicht ekelerregend. Es findet ein stiller Zerfall statt, der Körper verliert seine Spannung, die Haut ihre Farbe, doch schreckenerregend, gruselig, unästhetisch muß man sich das nicht vorstellen. Jedenfalls ist es nicht weniger ästhetisch als das, was bei der Kremation des Körpers in der Flamme passiert. Am Ende bleibt hier Erde übrig, dort Asche.

Zweitens gibt es dann das Argument der Raumnot. Die riesigen Friedhöfe großer Städte bringen manchen auf den Gedanken, daß da viel Platz verbraucht werde, der anders verwendet werden könnte. Auch das ist, meine ich, ein Scheinargument. Ökologisch gesehen sind Friedhöfe mit die geschütztesten, heilsten Stücke unserer Natur, was den Artenreichtum und das ungestörte Wachsen von Pflanzen und Kleintieren angeht. Das gilt natürlich nur, soweit es sich um wirkliche Friedhöfe mit Gräbern handelt, die bepflanzt oder besät sind. Wenn allerdings ein Grab neben dem anderen mit »dauerhaften« Koniferen und Cotoneastern bepflanzt oder gar mit pflegeleichten Steinplatten abgedeckt ist, auf denen gerade noch eine verbleichende Plastikrose herumliegt, hat die Umwelt auch nichts davon. Doch letztlich sind die Friedhöfe ein Teil der grünen Lungen unserer Städte.

Und dann kommt als drittes Argument erneut die falsche Demut. Man wolle nichts hinterlassen, spurlos verschwinden. Vielen genügt das Verbrennen nicht, auch die Asche soll anonym verstreut werden. Vom Flugzeug über Land ist es verboten, aber Seebestattungen haben Zulauf. Als ob man noch beweisen müßte, was der 103. Psalm sagt: »Ein Mensch ist in seinem Leben wie Gras, er blühet wie eine Blume auf dem Felde; wenn der Wind darübergeht, so ist sie nimmer da, und ihre Stätte kennt sie nicht mehr.« Drückt sich darin eine Erfahrung der Haltlosigkeit, des Alleinseins, der Gottlosigkeit aus? – Man übersieht dabei, daß dieses Ausgelöschtwerden im Psalm schon in einer Antwort aufgehoben ist: »Wie sich ein Vater über seine Kinder erbarmt, so erbarmt sich der Herr über die, so ihn fürchten.« Soll heißen, er gibt ihnen ihren Ort in seinem Gedenken.

Dem Judentum in seiner uralten Weisheit gilt das Grab als etwas Heiliges. Es ist und bleibt ein Temenos, das heißt ein ausgegrenzter Ort, der nicht verunehrt werden darf. Vielleicht erinnern Sie sich, daß es für Juden eine Glaubensfrage ist, daß ein Friedhof nicht aufgelassen werden darf. Im Vergleich dazu ist es natürlich schäbig, wenn unsere Friedhofsordnungen eine Ruhe- oder Liegezeit von etwa 15 Jahren zulassen. Oft ist sie noch kürzer. Man kann aber Verlängerungen kaufen. Auf die Dauer kommt es nicht so sehr an.

Für die Erdbestattung sprechen meines Erachtens zwei wesentliche Gesichtspunkte:

Das eine ist das sinnenhafte Erlebnis daß der Sarg wieder eingebettet wird in die Erde. Ich sage bewußt »wieder«, denn es hat etwas vom Zurückgeben, Erde zu Erde. Es ist auch wichtig, daß das draußen in Wind und Wetter, in der Natur geschieht. Würden wir, wie in Indien, die Feuerbestattung mit einem großen Scheiterhaufen sichtbar vornehmen, so müßte ich vielleicht umdenken. Aber so ist es ja nicht. Was im Krematorium passiert, ist sinnenmäßig überhaupt keine Handlung. Und es ist immer wieder eine peinliche, kaltherzige und ganz und gar unbefriedigende Sache, wenn der Sarg entweder summend im Fußboden verschwindet oder durch eine Pendeltür hinausgeschoben wird. Und man weiß und sieht am Ende sogar durch die Tür, daß draußen schon viele andere Särge geparkt sind, die irgendwann später der Verbrennung zugeführt werden. Ein derartiges Abschieben macht den menschlichen Körper zu etwas wie einer Ware, bei der sogar der Gedanke an Entsorgung nicht fernliegt. Daß später eine Urne existiert, die ihrerseits wieder beigesetzt werden kann, ändert am halbherzigen Charakter der Bestattungsfeier nichts mehr.

Zweitens hat es etwas Würdiges, tief Menschliches, wenn wir dem Verstorbenen der Länge und Breite nach eine Stätte einräumen. Das Grab ist ein Ort, der herausgenommen ist aus der Hektik des alltäglichen Lebens, und ich persönlich möchte es auch als eine Stätte empfinden können, an der ein Mensch ruht. Das Grab der Erdbestattung hat einen anderen Charakter als der Aufbewahrungsort einer Urne, wie pietätvoll und würdig auch immer man diesen ausgestaltet. Das Urnengrab ist nicht Fisch und nicht Fleisch; es ist nicht Lager, Ruhestatt, sondern Ablage. Wenn schon Feuerbestattung, dann ist es konsequenter, wenn das Grab in den Lüften liegt und man die Asche zerstreut.

Ich möchte Sie, liebe Leserin und lieber Leser, mit diesen Überlegungen nicht in die Enge treiben. Ich weiß, die Überzeugungen sind oft fest verwurzelt. Eine andere Meinung kann da nur zum Weiterdenken anregen. Wie immer Sie sich entscheiden, bedenken Sie: Vor der Ewigkeit kommt es nicht darauf an, wo und wie sie uns hinlegen, sondern wo wir dereinst aufstehen.

NOCH EIN CHORAL

Es ist ja, Herr, dein G'schenk und Gab
mein Leib und Seel und was ich hab
in diesem armen Leben.
Damit ich's brauch zum Lobe dein,
zu Nutz und Dienst des Nächsten mein,
wollst mir dein Gnade geben.
Behüt mich, Herr, vor falscher Lehr,
des Satans Mord und Lügen wehr;
in allem Kreuz erhalte mich,
auf daß ich's trag geduldiglich.
Herr Jesu Christ, mein Herr und Gott,
mein Herr und Gott,
tröst mir mein Seel in Todesnot!

Ach Herr, laß dein' lieb Engelein
an meinem End die Seele mein
in Abrahams Schoß tragen.
Der Leib in seim Schlafkämmerlein
gar sanft ohn ein'ge Qual und Pein
ruh bis zum Jüngsten Tage.
Alsdann vom Tod erwecke mich,
daß meine Augen sehen dich
in aller Freud, o Gottes Sohn,
mein Heiland und mein Gnadenthron.
Herr Jesu Christ, erhöre mich,
erhöre mich!
Ich will dich preisen ewiglich. (EKG 247,2–3)

Der Autor

Geboren 1941 in Heidenheim/Brenz. Schwabe mit ladinischem (rätoromanischem) Namensstamm. Studium der evangelischen Theologie, Philosophie, Jurisprudenz. Senior des Tübinger Stifts. Ordination in Württemberg, reformierter Pfarrer an St. Giles' Cathedral in Edinburgh/Schottland. Ehemann einer Pfarrerin. Erfolgreicher Rechtsanwalt mit Kanzlei in Stuttgart. Herausgeber des Handbuchs »Recht der bildenden Kunst«. Autor und Drehbuchautor: »Alles was Recht ist«, »Oh Gott, Herr Pfarrer« (mit Felix Huby) u. a. Nach wie vor Geistlicher der Ev. Landeskirche in Württemberg.

WEITERE TITEL AUS DER EDITION JOHANNES KUHN

Tobias Brocher
WANDELT SICH RASCH AUCH DIE WELT
Werte im Umbruch

Christine Brückner
LIEBER ALTER FREUND

Johannes Kuhn
WIR WERDEN ERWARTET AM LETZTEN UFER

Gudrun Pausewang
WAS ICH DIR NOCH SAGEN WOLLTE

Hans Jürgen Schultz
NEULAND ENTDECKEN
Erfahrungen aus dem Un-Ruhestand

Reiner Strunk
HERBSTZEIT
Vom Wachsen und Reifen im Glauben